LA JUDÉE

AU

TEMPS DE JÉSUS-CHRIST,

Ouvrage traduit de l'allemand de Rohr,

Par L. M. COTTARD,

RECTEUR DE L'ACADÉMIE DE STRASBOURG, MEMBRE CORRESPONDANT DE
L'ACADÉMIE ROYALE DES SCIENCES DE TURIN.

HISTOIRE

STRASBOURG,

DÉRIVAUX, LIBRAIRE-ÉDITEUR, RUE DES HALLEBARDES, 24.

PARIS,

LADRANGE, LIBRAIRE, QUAI DES AUGUSTINS, 19.

1840.

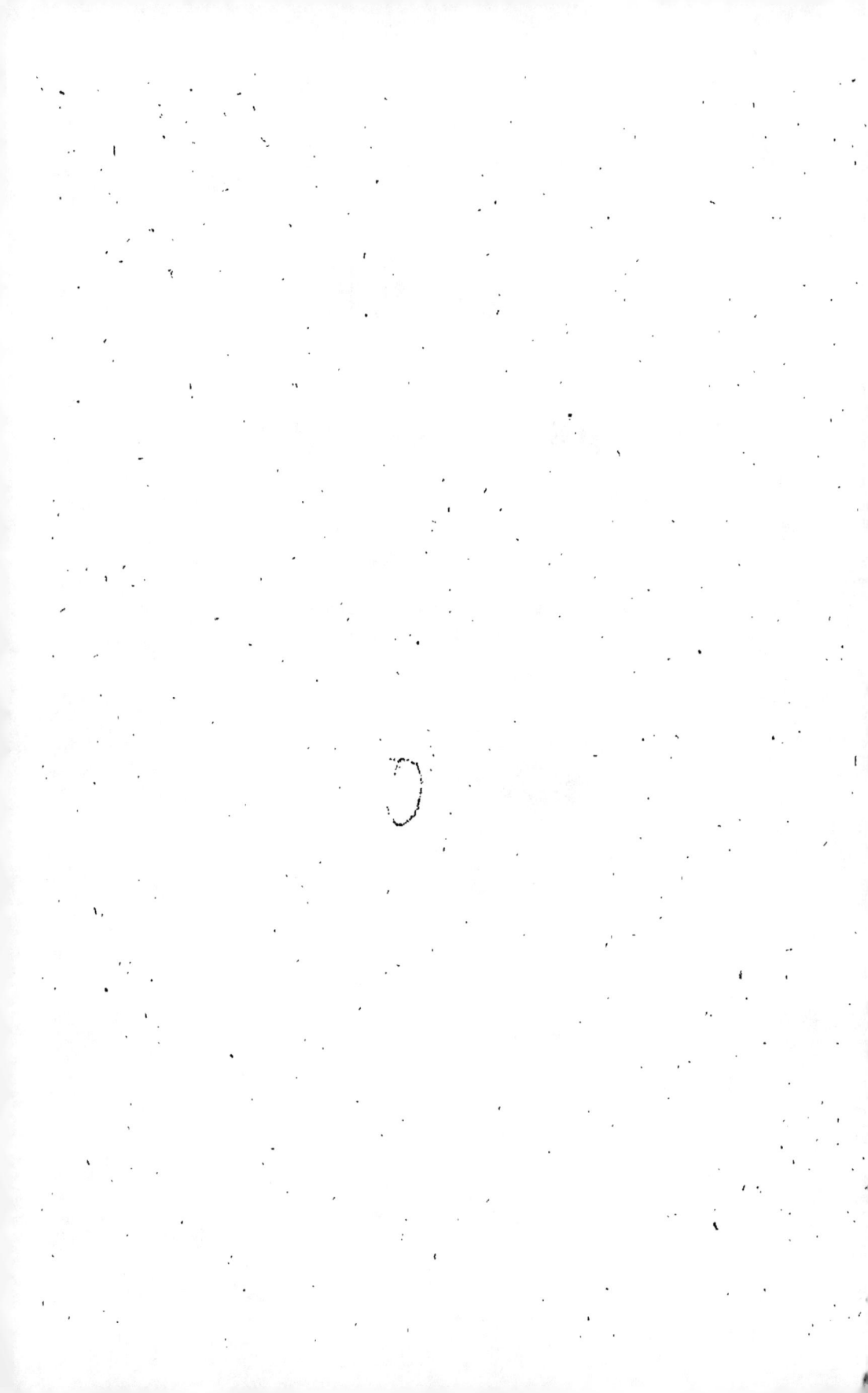

LA JUDÉE

AU TEMPS DE JÉSUS-CHRIST.

C.

IMPRIMERIE DE G. SILBERMANN A STRASBOURG.

LA JUDÉE

AU

TEMPS DE JÉSUS-CHRIST,

OU

TABLEAU GÉOGRAPHIQUE ET POLITIQUE

DE

LA JUDÉE A CETTE MÉMORABLE ÉPOQUE

SUIVI D'UN

PRÉCIS DE L'HISTOIRE DE CETTE PROVINCE DEPUIS LES
PATRIARCHES JUSQU'A NOS JOURS.

Ouvrage traduit de l'allemand de Rohr,

PAR L. M. COTTARD,

RECTEUR DE L'ACADÉMIE DE STRASBOURG, MEMBRE CORRESPONDANT DE
L'ACADÉMIE ROYALE DES SCIENCES DE TURIN.

STRASBOURG,

DERIVAUX, LIBRAIRE-ÉDITEUR, RUE DES HALLEBARDES, 24.

PARIS,

LADRANGE, LIBRAIRE, QUAI DES AUGUSTINS, 19.

1840.

AVANT-PROPOS DU TRADUCTEUR.

Ce n'est pas une traduction strictement littérale que nous offrons aujourd'hui au public français. L'ayant destinée, dans notre pensée, aux écoles primaires, nous avons dû élaguer quelques détails de pure érudition, et surtout modifier plusieurs passages où l'esprit de critique de l'auteur nous a paru toucher au scepticisme.

Le petit ouvrage de M. Rœhr étant une véritable statistique, sa nature comportait peu de style. Dans la traduction, nous avons respecté cette sobriété obligée. Mais sentant que ce genre de composition n'est jamais exempt d'une certaine sécheresse, nous avons voulu, vers la fin du livre, reposer agréablement l'attention de nos jeunes lecteurs.

Que pouvions-nous faire de mieux pour cela, que de les introduire dans la Judée elle-même avec Chateaubriand et Lamartine, que de les initier aux impressions, que de les mettre, pour ainsi dire, sous le charme de ces deux grands peintres?

Cet opuscule ne sera peut-être pas non plus sans attraits pour les hommes faits. Sur le théâtre de ces récits bibliques qui nourrirent jadis leur curiosité enfantine, à côté du berceau de cette religion chrétienne qui leur rappelle les premiers enseignements maternels, qui a sans doute consacré leurs plus intimes joies domestiques, ils vont retrouver le drapeau français planté en Palestine à deux grandes époques, gravées pour jamais dans la mémoire des peuples : les croisades et l'expédition de Bonaparte. Remarquons-le en passant, les peuples ne puisent pas leurs souvenirs aux mêmes sources que l'historien ou le politique. Pour les croisades, par exemple, qu'aux yeux de l'écrivain ou de l'homme d'État le commerce, l'agriculture et quelques branches de connaissances y aient gagné en Europe; que le régime féodal y ait trouvé le principe de sa ruine; que des villes puissantes se soient élevées, dans les murs desquelles se sont préparées et l'abolition générale de la servitude et la création d'un tiers-état, qui devait devenir le foyer de la vraie civilisation... assurément c'est à quoi n'ont jamais pensé les masses. Mais elles étaient si esclaves dans le moyen âge, si étrangères sur leur propre sol natal, qu'elles s'élancèrent vers la Palestine, comme à la conquête d'une patrie qui leur avait manqué jusque-là. Elles en revinrent meurtries, décimées, heureuses de revoir leurs chétifs pénates, d'y raconter, avec la joie d'un matelot sauvé du naufrage, les longues souffrances et les sanglants combats. Qu'en allant en Palestine elles eussent, comme nous venons de le dire, cédé moins encore à un entraînement religieux qu'au besoin d'échapper à des misères présentes, cependant, à leur retour, la grande loi de l'égalité chrétienne s'accomplit insensiblement pour elles, comme la plante croît sans que l'œil saisisse sa pousse instantanée. C'est donc par instinct (qu'on nous passe le mot) plutôt que par réflexion que dans le souvenir des masses les croisades sont comme une grande guerre nationale d'où date leur émancipation. Telle ne sera pas le motif qui leur aura rendu la mémoire de Bonaparte presque sacrée : car elles le détestaient pendant sa domination, parce qu'il les arrachait à ce que la suite des temps leur avait donné de bien-être et d'indépendance, pour les emmener à des expéditions hasardeuses et lointaines, au profit de sa seule ambition. Mais c'est encore ici par instinct et non par réflexion que, pour elles, le tyran tombé a fait place au héros. Ce conquérant, sorti de leur sein, c'est leur puissance personnifiée, abattant les rois étrangers, et *laissant sur leur bandeau la poussière de ses pieds.*

Résumons-nous. Les longs souvenirs ne s'attachent qu'aux grands intérêts.

L. M. C.

INTRODUCTION.

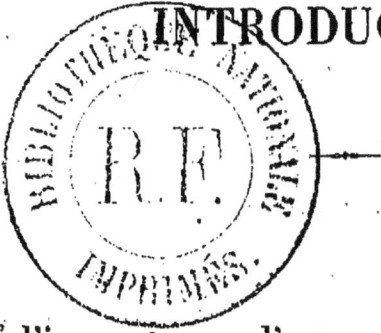

Si l'importance d'un pays dépendait uniquement de son étendue, du chiffre de ses habitants et d'autres circonstances physiques de cette nature, la Palestine aurait à peine un nom. Car elle n'est qu'une parcelle de la vaste Asie; elle n'occupe qu'un point presque imperceptible sur la carte de cette immense région. L'attention s'arrêterait-elle sur une contrée traversée par de petites rivières et un seul fleuve, qui n'est navigable en aucun endroit; sur une contrée dont le seul lac ne porte que des barques de pêcheurs; sur une contrée couverte de montagnes nues et désertes, dont le centre n'offre qu'une vallée passablement large et fertile; sur une contrée qui, lors de sa plus grande prospérité, ne comptait que quelques millions d'âmes, et qui, de

nos jours, est parvenue au dernier degré de mi
sère et d'avilissement? Il n'est cependant pas su
la terre de pays qui excite plus puissammen
que celui-ci l'intérêt du savant comme de l'igno-
rant. De pieux pèlerins, des voyageurs avides
de connaître y dirigent constamment leurs pas.
Des hommes même qui ont visité le reste du
globe et ses merveilles, se sentent attirés vers la
Palestine par un penchant irrésistible. C'est que
la Palestine, par le mélange des choses divines
et humaines dont elle fut le théâtre, éveille
dans l'âme des pensées et des sentiments qu'aucune autre portion de l'univers ne saurait inspirer. C'est qu'elle fut le partage d'un peuple qui
a dû sa célébrité, non à des événements ordinaires, mais à des circonstances réellement sur-
naturelles.

Les nations se font communément un nom
dans l'histoire, soit par leurs conquêtes, soit par
une supériorité marquée dans les lettres, les
sciences ou les arts, soit par le génie du commerce. Il n'en est pas ainsi du peuple juif. Ce
n'est pas qu'il manquât de certaines vertus guer-

rières. Car il ne se rendit maître de la terre de Chanaan que par son courage, et ne se laissa enlever son indépendance qu'à la suite de longs combats. Mais rarement il prit les armes pour agrandir son petit territoire; ce fut le plus souvent pour sa propre sûreté. Il ne résista que par besoin à des voisins ambitieux. Ses longues luttes ne furent donc qu'une perpétuelle défense. S'il fut comme perdu pour les arts et les sciences, ce n'est pas qu'entouré des Phéniciens et des Égyptiens si célèbres sous ce rapport, il n'eût été à même de se perfectionner dans ces branches des connaissances humaines. Mais sa constitution civile et religieuse, aussi bien que la haine qu'il portait aux Gentils, le mirent dans l'impossibilité de se polir au frottement des autres nations. Aussi, lorsqu'au temps de sa plus haute prospérité, c'est-à-dire sous David et Salomon, il entreprit de grands travaux d'art, fut-il obligé d'avoir recours à des ouvriers étrangers. Il n'eut pas non plus la réputation d'un peuple commerçant, quoique tout se réunît pour le favoriser pour cela : sa position sur deux mers, l'exemple

attrayant des riches Phéniciens dont les vaisseaux se montraient dans tous les parages. Une
seule fois, sous Salomon, il se lança dans quelques entreprises commerciales, construisit des
navires, se hasarda sur les flots. Mais il revint
vite de ce premier essai, et se restreignit, comme
par le passé, à son négoce d'intérieur, d'entrepôt et de commission. Et cependant, nous le
répétons, ce peuple est un des plus célèbres
de l'antiquité. C'est que les nations modernes
lui doivent ces idées religieuses qui sont la base
et la garantie de leur civilisation. Aux sages de
la Grèce et de Rome, la gloire sans doute de
nous avoir initiés à toutes les connaissances qui
sont du domaine de l'art et de l'imagination, en
un mot, de nous avoir, pour ainsi dire, ouvert
le monde intellectuel. Mais aux Juifs l'honneur
mille fois plus grand de nous avoir révélé le
monde moral, la science de Dieu, le libre arbitre de l'homme, l'immortalité de l'âme. L'É-
criture sainte, par l'élévation des idées, par le
sublime des images, par la noblesse et la pureté
des principes, surpasse tous les livres religieux qui

nous sont restés des anciens. Elle seule satisfait à cette immense curiosité qui nous travaille, en nous faisant remonter dans les annales du genre humain depuis son origine; elle seule présente un fait auquel se rattachent tous les grands événements de l'histoire universelle, depuis le commencement du monde jusqu'à nos jours. On ne saurait dire quelle salutaire influence les livres saints ont exercée sur l'humanité, quelle masse de connaissances ils ont répandues, quelle somme d'idées ils ont offerte au travail de la pénétration, quel sentiment de dignité ils ont éveillé chez ces millions d'individus qu'ils arrachaient en même temps aux *ténèbres de la plus profonde ignorance?*

Les Juifs ne sont pas moins remarquables pour avoir conservé jusqu'ici leur caractère de nation. Que de peuples, leurs contemporains, ont disparu de la surface du monde et même de l'histoire, par l'effet souvent d'une simple révolution! Les Juifs seuls existent encore aujourd'hui, malgré tant de revers et de désastres qui devaient les anéantir. Que de peuples, dans le

cours des temps, se sont fondus dans d'autres
peuples et ont perdu jusqu'à leur nom ! Les Juifs
seuls, quoique dispersés par tout le globe, quoique privés de toute consistance sociale, ont retenu ce cachet de nation que leur avait imprimé
leur constitution civile et religieuse qui, de tant
de membres épars, forme encore aujourd'hui
un tout homogène. Les Juifs sont aussi faciles
à reconnaître à leur genre d'esprit, à leurs coutumes, à leurs habitudes et jusqu'aux traits de
leur physionomie. Ces circonstances réunies ne
doivent-elles pas donner une importance toute
particulière à ce coin de terre qui fut leur patrie
pendant une longue série de siècles. Et puis,
quel immense intérêt n'inspire-t-elle pas comme
berceau de l'homme-Dieu, qui a sauvé le monde
en l'éclairant, comme théâtre de ses miracles,
de sa mort et de sa résurrection ! Les souvenirs les
plus touchants, les plus sublimes s'attachent à
chaque lieu où Jésus-Christ a porté ses pas. Ici
le Jourdain, dont les eaux le sacrèrent Messie;
ici le désert où il se retira, loin du bruit des
villes, pour méditer sur sa divine mission; ici

ces monts majestueux dont la cime solitaire était témoin de ses saints recueillements; ici le lac dont les bords enchanteurs lui plaisaient tant, d'où il appela à lui comme apôtres de simples pêcheurs, où il nourrissait de la parole de vie des milliers d'hommes avides du pain du ciel; ici ces routes sur lesquelles le suivent une foule de malades pour obtenir la guérison de leurs infirmités corporelles; ici ces villes; ici ces villages, ces bourgs, où tantôt par de graves discours, tantôt par des entretiens familiers, il versait sa doctrine dans des âmes préparées à l'aimer et à le comprendre; ici là populeuse et superbe Jérusalem, dont les habitants méprisèrent le *Galiléen,* sa sublime simplicité, sa divine doctrine, et enfin le condamnèrent à une mort infamante. Cruels mais vains efforts! Le tombeau de l'homme-Dieu se brise, et son Évangile se répand dans l'univers. Ici, en un mot, les lieux témoins de sa naissance, de son éducation, de ses miracles, de ses souffrances, de sa résurrection; ici résonnent les noms qui se gravent dans le cœur de chaque Chrétien dès sa tendre enfance : Naza-

reth, Bethléem, Capharnaüm, Génézareth, Cana,
Jéricho, Béthanie, Jérusalem, le Jourdain, le
Thabor.

Voilà ce que le voyageur va chercher au milieu des décombres et des ruines; voilà ce qui
lui rappelle le temps où le Sauveur du monde
foulait cette terre; voilà ce qui le reporte, dans
une douloureuse mélancolie, à la pensée de ce
qui était et de ce qui n'est plus! Car en Judée il
ne saurait isoler ses souvenirs. C'est ce que nous
avons éprouvé nous-même en composant cet
opuscule. De là notre précis des temps antérieurs
à Jésus-Christ, et de ceux qui ont suivi son
époque.

LA JUDÉE
AU TEMPS DE JÉSUS-CHRIST.

PRÉCIS DES TEMPS ANTÉRIEURS.

PREMIÈRE PÉRIODE.

D'ABRAHAM JUSQU'A JOSUÉ.

(L'an 2000 — 1444 avant J.-C.)

La Judée, bornée au nord par le mont Liban, au sud
par l'Arabie pétrée, à l'est par l'Arabie déserte et à l'ouest
par la Méditerranée, n'était anciennement qu'un pays couvert de pâturages, que traversaient dans tous les sens des
peuplades errantes. Une d'elles y ayant enfin pris position,
lui donna son nom. Avant qu'Abraham, prince nomade,
chef d'une famille de pasteurs, y fût arrivé de la Mésopotamie, pour laquelle il avait antérieurement abandonné la
Chaldée, les Phéniciens ou Chananéens, habitant originairement le voisinage de la mer Rouge, s'établirent sur plu-

1

sieurs points de cette contrée, et de préférence sur le littoral
de la Méditerranée. Elle prit d'eux le nom de *terre de
Chanaan* (des marchands), surtout pour la partie comprise entre la mer et le Jourdain. Comme ils n'occupaient
pas tout le pays et qu'ils abandonnaient les grands pâturages aux tribus nomades, Abraham y entra avec ses
troupeaux et profita des terrains vagues, sans se mettre
en rapport avec les Chananéens. Il choisit les vallées et
les plaines les plus fertiles, les plus abondantes en sources
et en pâturages, se dirigea sur Sichem, Béthel et Haï,
descendit le long du Jourdain, vers la mer Morte, dres-
sant ses tentes partout où il trouvait à nourrir ses troupeaux, et enfin séjourna longtemps près de la ville d'Hébron. Sa tribu, outre les Chananéens, n'était cependant
pas la seule qui occupât le pays. Elle était entourée
d'autres tribus nomades comme elle, qui se partageaient
le sol, et dont plusieurs branches commençaient à se
faire des habitations permanentes, défrichant les terres
d'alentour, les divisant en propriétés distinctes et devenant ainsi des colonies agricoles. Déjà les chefs de ces
tribus prennent le titre de roi, leurs résidences habi-
tuelles celui de ville. Mais on n'attachera pas une grande
importance à cette double dénomination, quand on verra
qu'Abraham, avec ses trois cent dix-huit domestiques,
décidait la victoire des rois de Sodome, Gomorrhe, Adama
et Seboïm, sur Cedor-Laomor, roi d'Élam et ses alliés,

et que son petit-fils Jacob put impunément exterminer tous les habitants d'une ville.

Il serait aussi inutile qu'impossible de donner une nomenclature exacte des tribus nomades de ces temps-là, et de préciser les contrées dans lesquelles elles se répandaient et celles qu'elles choisirent pour s'y fixer. Il suffit de remarquer que le long séjour d'Abraham dans ce pays créa comme un droit de possession à son fils Isaac, à Jacob et aux douze chefs de famille, ses descendants, auxquels on donnait le nom d'*Héber*, c'est-à-dire hommes de l'autre côté, parce qu'Abraham était venu d'au delà de l'Euphrate. La famille se multiplia avec le temps et entra en rapport de commerce avec les nations voisines. Après un séjour de longues années en Chanaan, les aventures extraordinaires d'un des siens, de Joseph, décidèrent la famille à se diriger, avec tout ce qu'elle possédait, sur l'Égypte, où elle choisit la grande et fertile province de Gessen, qu'elle occupa durant plusieurs siècles. Pendant ce laps de temps l'histoire se tait sur tout ce qui se passait dans le pays de Chanaan. Elle ne s'en occupe de nouveau qu'à l'époque où la colonie égyptienne, postérité des patriarches, surtout de Jacob, le dernier d'entre eux, divisée en douze tribus et devenue un grand peuple, est reconduite par l'énergique législateur Moïse aux lieux où ses ancêtres avaient établi leur première résidence (l'an 1500 avant J.-C.).

A cette époque, le pays de Chanaan est aussi nommé

la *Terre promise*, parce que, d'après les anciennes traditions, elle devait appartenir à tout jamais à Abraham et
à ses descendants. Les habitants étaient généralement dé-
signés sous le nom de *Chananéens.* Mais, pendant le séjour des Israélites en Égypte, ces habitants s'étaient mul-
tipliés en nombreuses tribus. On distinguait parmi elles :
1° les Chananéens proprement dits fixés en partie sur les
côtes de la mer et sur les bords du Jourdain ; 2° au midi
du littoral, les Philistins, auxquels le pays dut plus tard
le nom de *Palestine* ; 3° les Amalécites et les Édomites ;
4° les Moabites et les Ammonites (les deux premiers
dans l'Arabie pétrée, les deux autres dans l'Arabie déserte) ; 5° les Amorrhéens, qui habitaient de l'autre côté
de la mer Morte et au delà du Jourdain ; 6° les Héthéens,
les Jébuséens et les Phéréséens, qui peuplaient, du nord
au sud, les vallées centrales de Chanaan ; 7° enfin, dans la
partie septentrionale, les Hévéens et ceux de Basan. Ces
peuplades, loin de former un corps de nation, avaient si
peu de rapports entre elles, que quelque entreprise bien
conduite les aurait facilement subjuguées une à une. On
dépeint la Judée de cette époque comme un pays où coulent
le miel et le lait, c'est-à-dire très-fertile et béni du ciel ;
ses villes, comme des forteresses difficiles à prendre ; ses
habitants, comme des hommes robustes, rudes et guer-
riers ; et l'idée qu'on nous donne de leurs institutions civiles fait voir qu'ils s'étaient plus ou moins policés pen-

dant l'absence des Israélites. Maintenant ce pays va être la conquête des descendants des patriarches, dont une marche de quarante ans à travers les déserts de l'Arabie a mûri le courage. Cette conquête doit changer en peuple agriculteur les hordes nomades, que Moïse ne put cependant conduire que jusqu'au torrent Arnon, après avoir échoué dans plusieurs entreprises vers les frontières du sud. Mais il se rendit maître des terres situées à l'est du Jourdain, appartenant aux Amorrhéens et au roi de Basan. Il partagea ces terres entre les tribus de Ruben et de Gad, et la moitié de celle de Manassé, les plus riches des Israélites et les plus habiles à élever de nombreux troupeaux. Là, Moïse fut surpris par la mort, qui l'empêcha de passer le Jourdain pour s'avancer dans le pays de Chanaan proprement dit. Il lui fallut abandonner l'accomplissement de ses desseins à Josué, son successeur.

SECONDE PÉRIODE.

DE JOSUÉ A LA FORMATION DES ROYAUMES D'ISRAËL ET DE JUDA.

(Avant J.-C 1444—975.)

Josué exécuta ce que Moïse n'avait pu achever. Il occupa tout le pays et en fit prendre possession aux Israélites, en le partageant entre les tribus. Il s'avança au delà du

Jourdain, sans éprouver une résistance combinée des habitants, bien qu'il fût resté assez longtemps stationnaire sur les bords du fleuve. Mais bientôt il prend d'assaut et brûle Jéricho, ville voisine, et s'empare du bourg de Haï. C'est alors que cinq petits princes de la partie sud, voyant approcher le danger, se réunissent contre Josué, qui a le bonheur de les vaincre à la première bataille. Il réussit également à remporter une victoire complète, près du lac Méron, sur les rois puissants de la partie nord qui s'étaient coalisés contre lui. Cette victoire le rendit maître de presque tout le pays. Cependant, après six ans de belliqueux efforts, il quitta trop tôt les armes. Il est vrai que trente et un petits rois avaient été ou soumis, ou chassés, ou même anéantis, et leurs terres envahies par les Israélites. Mais il restait encore d'autres peuplades chananéennes à subjuguer. Car il s'en fallait de beaucoup que fussent atteintes les bornes de la conquête fixées par Moïse, pour mettre fin à toute résistance et pour assurer à la nation les bienfaits de la paix et de l'agriculture. On s'arrêta au milieu de la tâche pour commencer le partage des terres entre les douze tribus, auxquelles on laissa le soin de s'emparer des parties qui n'étaient pas encore soumises. Les tribus de Ruben et de Gad, et la moitié de celle de Manassé, avaient déjà obtenu leur portion le long du Jourdain dans le pays de Galaad. Les contrées entre le Jourdain et la Méditerranée étaient échues à la demi-tribu de Manassé et aux dix autres. Les bases du partage étaient d'un côté la nature et non l'étendue des terrains, de l'autre la force numérique de la tribu. C'est ainsi que celle de Juda eut pour lot toute la partie sud entre la mer Morte, les côtes méridionales de la Méditerranée, et la ville de Jébus, nommée plus tard Jérusalem ; c'était plus du quart de tout le pays. On trouva par la suite que le sol était trop grand pour Juda. La contrée nord-ouest près la mer fut donnée à la tribu de Dan, et à celle de Siméon la partie ouest limitrophe des Philistins. Vers le nord étaient les possessions de Benjamin ; entre le Jourdain et la Méditerranée celles d'Éphraïm et de la moitié de Manassé. Tout le nord fut remis aux tribus d'Issachar, Zabulon, Nephtali et Aser. Le territoire de cette dernière renfermait celui des Chananéens ou Philistins proprement dits. Dès ce moment la Judée compta autant de républiques qu'il y avait de tribus. Le seul lien qui les unit était la constitution religieuse donnée par Moïse, à la tête de laquelle se trouvait le grand-prêtre. Chaque tribu était libre de contracter tel ou tel engagement, de faire la paix ou la guerre, de prendre toutes dispositions intérieures sans avoir égard à l'intérêt commun. Après la mort de Josué, on ne choisit pas même un général en chef pour conduire les opérations contre quelques peuplades parsemées parmi les tribus, pour les anéantir ou les neutraliser, affermir chaque tribu dans ses propriétés ou étendre les conquêtes aux lieux indiqués par Moïse. Au contraire, les Phéniciens et les Philistins ne furent pas inquiétés dans leurs anciennes possessions. Dès lors, l'envie, la jalousie et la diversité des intérêts empêchèrent toute bonne mesure qui aurait assuré le bien général, les tribus n'attaquant que partiellement les ennemis indigènes : lutte inégale et sanglante, alternative de victoires et de défaites, d'indépendance et d'asservissement. Telle se passa la période des Juges, qui, au lieu de diriger paisiblement les intérêts des familles de manière à consolider le bien-être de chacune et l'union entre elles, combattaient tantôt pour l'État mal gouverné, tantôt même pour le compte de quelques tribus isolées. Les discordes civiles se joignirent en outre aux guerres contre l'implacable voisinage des Philistins. Aussi les Israélites furent-ils souvent à deux doigts de leur perte.

Enfin, après tant de catastrophes, s'éveilla chez eux le désir d'être gouvernés par un seul roi, qui pût rendre la justice en temps de paix, et en temps de guerre se mettre à la tête de toute la nation. Saül, fils de Cis, de la petite tribu de Benjamin, fut élu et sacré par le prophète Samuel dans une assemblée générale du peuple, mais non sans éprouver une grande opposition de la part de plusieurs tribus (l'an 1095 avant J.-C.). Saül commença par réunir les forces disséminées des tribus, jusqu'alors si faiblement alliées, et forma une petite armée permanente, à laquelle il joignit en temps de péril la levée en masse de la nation,

non-seulement pour défendre l'indépendance du pays contre
les ennemis du dedans, mais encore pour agrandir son
territoire. David, son successeur, marcha sur ses traces ;
et sous ce roi les Israélites parvinrent à la période la plus
brillante de leur histoire (l'an 1055 avant J.-C.). Mais
l'intérêt isolé de chaque tribu, qui se manifesta dès l'élec-
tion de ce prince, finit bientôt par devenir pernicieux
pour toute la nation. Car lorsque David avait été proclamé roi, d'abord par la tribu de Juda, à laquelle il
appartenait, et qui était la plus considérable et la plus
importante de toutes, les autres se rangèrent du côté de
la famille déchue et d'Isboseth, fils de Saül, de sorte que
David ne régna pendant huit années que sur sa propre
tribu, à côté de ce dernier, et le pays se trouva dès lors
scindé en deux royaumes. Enfin David, après une division
aussi funeste pour le salut général, parvint à être reconnu
roi par tout le pays, et commença à développer ces grands
talents qui élevèrent la nation au plus haut degré de prospérité qu'elle ait jamais atteint. Le fruit de ses brillants
exploits fut l'agrandissement des frontières, savoir : vers
le nord jusqu'à l'empire de Damas, vers l'est au delà du
Jourdain, jusqu'à l'Euphrate, et vers le sud jusqu'à l'Arabie pétrée ; il établit aussi le royaume dans ses limites
naturelles ; il dompta les *Jébusites* ou *Jébuséens* de la tribu
de Benjamin, qui s'étaient rendus redoutables au dedans,
et s'empara de leur capitale *Jébus* et du château situé sur

e Mont-Sion, dont il fit sa résidence, et lui donna le nom de *Jérusalem*; il vainquit les belliqueux Philistins en quatre campagnes successives; les Moabites, les Amalécites, les Iduméens, établis au sud, et les Amorhéens à l'est, qui s'étaient coalisés dans le but d'exterminer tout le peuple d'Israël; il battit les rois de Damas et de Nézib sur les frontières du nord-est, et devint formidable à tous ses voisins. Après avoir mis le comble à la prospérité de l'État par une sage constitution civile et religieuse, il laissa sa couronne (l'an 1015 avant J.-C.) au fastueux et pacifique Salomon. Ce prince, protecteur passionné des beaux-arts et du commerce, régna quarante ans, pendant lesquels s'éleva le temple de Jérusalem : époque où le royaume sembla prospérer au dedans par ses grandes richesses, mais où en réalité, il marcha vers une décadence qui devait être la suite d'un luxe sans bornes, du relâchement des mœurs et de l'assoupissement successif de l'esprit belliqueux qui avait prédominé jusqu'alors. Ces fautes graves furent mises à profit par les peuples vaincus du voisinage, qui devinrent de plus en plus audacieux; ce qui se manifesta bientôt après la mort de Salomon. Car les dix tribus qui, déjà sur la fin de son règne, s'étaient montrées récalcitrantes et avaient refusé précédemment pendant huit années d'obéir à David, ne voulurent reconnaître pour roi Roboam, successeur de Salomon, que sous la condition qu'il les affranchirait des charges accablantes que leur avait imposées son

père. Comme l'imprudent Roboam ne leur fit pas cette concession, elles se séparèrent des tribus de Juda et de Benjamin, sous la conduite de Jéroboam, de la tribu d'Éphraïm,
qui s'était déjà révoltée contre Salomon, et formèrent un
État à part. Ainsi, comme pour hâter la ruine du pays,
il fut divisé en deux royaumes : le royaume de Juda, sous
Roboam, composé des deux tribus déjà citées, et celui d'Israël, sous Jéroboam, consistant dans les dix autres. Ce
dernier État fut ainsi nommé parce qu'il se composa de la
plus grande partie des Israélites.

TROISIÈME PÉRIODE.

DEPUIS LA FORMATION DES ROYAUMES DE JUDA ET D'ISRAEL JUSQU'À LA CAPTIVITÉ DE BABYLONE.

(De l'an 975—588 avant J.-C.)

Si le peuple d'Israël eût su conserver son unité comme
du temps de David et de Salomon, il aurait pu demeurer
grand et puissant, et jouer un rôle imposant sous le rapport de sa civilisation. Mais cette séparation amena des
malheurs sans fin, qui durèrent jusqu'à ce qu'il fût rayé
du nombre des nations. Des guerres intestines, l'affai-
blissement de ses forces naturelles contre les ennemis du
dehors, la scission des intérêts communs, la stagnation

de l'agriculture à peine à son berceau, les préparatifs de puissants voisins conspirant sa perte, tels furent les tristes résultats de sa désunion.

Le royaume d'Israël fut le premier qui accéléra sa propre chute. Composé, comme il est dit plus haut, des dix tribus rebelles, il était borné à l'ouest par la Méditerranée, au sud par les tribus de Benjamin et de Juda; à l'est par le torrent d'Arnon et l'Arabie déserte, et s'étendait au nord le long des monts Galaad jusqu'au Liban, et de là vers l'ouest jusqu'à la Phénicie. La sainte Écriture s'étend peu sur l'histoire de cet État. Il eut en tout dix-neuf rois, dont la rapide et continuelle succession alimenta sans cesse des troubles à l'intérieur. D'après la contenance de sa superficie, il paraissait plus grand que le royaume de Juda; mais sous la domination de rois moins bons, et avec une administration vicieuse, il fut en effet le plus faible : aussi ses habitants restèrent-ils bien loin en arrière de ceux de l'autre royaume, tant à l'égard de leur développement intellectuel que de la fidélité à la religion de leurs pères, à côté de laquelle on avait introduit, d'une manière formelle et dans un but politique, le culte des faux dieux, apporté de l'étranger. La capitale et résidence des rois d'Israël fut en premier lieu Sichem, ensuite Thirza, dans la tribu de Benjamin, plus tard Samarie, et pendant quelque temps Israël. Amri, sixième roi, bâtit Samarie sur une montagne qu'il avait acquise d'un nommé Samer, et plusieurs de ses successeurs l'embellirent et la fortifièrent. Enfin, après des guerres sanglantes et cruelles, tant à l'intérieur qu'à l'extérieur, et une continuelle succession de malheurs, le royaume eut à lutter contre les puissants rois d'Assyrie, ses voisins, qui le morcelèrent pour l'annexer à leurs États, à l'exception de la contrée que l'on connaissait sous le nom de Samarie, du temps de Jésus. Mais après la prise de la capitale de Samarie par le roi Salmanasar (l'an 722 avant J.-C.), le royaume d'Israël fut entièrement détruit, après avoir duré deux cent cinquante-trois ans. Osée, son dernier souverain, ainsi que les principaux habitants, soldats et artisans utiles, furent transportés sur la rive orientale du Tigre, pour y former une colonie, tandis qu'on peupla le pays désert de sujets tirés de Babylone, de Sipphare, proche de l'Euphrate, de Cutha, vraisemblablement en Phénicie, et d'autres contrées étrangères. Ces colons, la plupart idolâtres, se confondirent avec ceux des Israélites qui y demeuraient encore, et formèrent plus tard les Samaritains. Des prêtres les ramenèrent insensiblement au culte du vrai Dieu, et du temps de Néhémie ils y furent raffermis par Manassé. Mais malgré cette conversion, ils restèrent désormais un objet d'aversion pour les Juifs, à cause de leur mélange avec les païens. Les plus distingués des Israélites que l'on avait déportés ne retournèrent plus dans le pays de leurs ancêtres, et s'établirent parmi

les peuples de l'Orient. De là ils se répandirent dans toutes
les directions, et se perdirent, à peu près, pour l'histoire.
Le royaume de Juda ne survécut que de cent trente-quatre
ans à celui d'Israël, et succomba au même sort. Quoique
cet État ne fût composé que des tribus de Benjamin et
de Juda, et ne s'étendit pas au delà de ses limites premières, il fut néanmoins considérablement peuplé par
l'affluence des prêtres, des Lévites et d'autres émigrants
sortis du royaume d'Israël, qui ne voulurent pas se
séparer du temple national de Jérusalem ; et il aurait
pu exister plus longtemps encore, eu égard à sa constitution intérieure et à la succession presque toujours
pacifique de ses dix-huit rois, tous sortis de la maison
de David, si ses nombreuses luttes avec le royaume
d'Israël, et l'intervention des puissances étrangères qui
s'ensuivit, n'eussent sapé ses forces, et amené plusieurs
fois la dévastation du sol, la prise et le pillage de la
capitale et l'appauvrissement des habitants. Ses maux ne se
bornèrent pas aux guerres continuelles que par suite de
sa rivalité avec Israël, si fatale aux deux royaumes, il eut
à soutenir contre les rois d'Égypte et de Syrie, contre les
Moabites, les Ammonites, les Iduméens, les Assyriens et
les Babyloniens, ni à la longue captivité de cinq ans que
ces derniers firent subir à son roi Manassé. Juda devint
encore le théâtre des mutuelles aggressions des princes
régnants de l'Égypte et de la Chaldée babylonienne, entre

les états desquels il était situé. Il finit par tomber sous la domination babylonienne, pendant laquelle l'inconstante fidélité de ses princes lui attira de grandes calamités, et enfin, sous l'un des derniers, nommé Sédécias, amená sa destruction complète (l'an 588 avant J.-C.), après un siége de dix-huit mois, que Jérusalem soutint contre Nabuchodonosor, roi de la Chaldée babylonienne. Les murs de cette capitale furent rasés, la ville, le temple et le palais du roi livrés aux flammes, et les vases précieux devinrent le butin du vainqueur, qui, pour s'assurer de la fidélité du peuple de Juda, le transféra à Babylone, sur les bords du Chaboras, au delà de l'Euphrate. Il ne conserva dans le pays qu'un petit nombre d'indigènes de basse extraction pour soigner les vignes et les autres cultures, et leur donna pour gouverneur un Juif appelé Gódolias. Mais celui-ci ayant été tué bientôt après par des partisans de la dynastie déchue, le restant des Juifs craignant, avec raison, la vengeance des Chaldéens, émigra en totalité pour l'Égypte, et le pays resta dès lors entièrement abandonné, à l'exception de quelques familles nomades qui le parcouraient, et des Iduméens fixés dans les contrées méridionales.

QUATRIÈME PÉRIODE.

DE LA CAPTIVITÉ DE BABYLONE JUSQU'AU TEMPS DE JÉSUS.

(An 558—4 avant J.-C.)

Ainsi fut anéantie l'existence libre et politique des Juifs, que Moïse avait reconduits dans le pays de leurs ancêtres. Les restes de ce peuple demeurèrent, d'après un calcul authentique, pendant soixante-dix années, comme colons étrangers à Babylone. Ce long séjour leur fit contracter des relations si intimes avec les Gentils, que, lorsque Cyrus, roi de Perse, qui, pendant ce temps, s'était rendu maître de l'empire de Babylone, et par conséquent aussi de la Judée (l'an 555 avant J.-C.), leur permit d'y rentrer, il n'y eut à peine que la dixième partie des Israélites transférés dans l'origine à Babylone et en Assyrie qui s'en retourna, sous la conduite de Zorobabel, de la maison royale de Juda. Depuis cette époque, on donna indistinctement le nom de *Juifs* à tous ceux qui repeuplèrent le pays, parce qu'ils appartenaient en majorité à la tribu de Juda. Zorobabel entreprit de relever Jérusalem et son temple, malgré l'opposition des Samaritains, qui occupaient, avec un mélange d'Israélites et de Gentils, l'ancien royaume d'Israël, sous l'administration de gouverneurs persans.

Cette première colonie parvint cependant à reprendre

racine dans le pays, y fonda des villages et des bourgs, et se reconstitua comme par le passé. Elle fut suivie d'une seconde sous le règne de Xerxès (l'an 478 avant J.-C.), ayant à sa tête Esdras, dont la mission était de grossir, par de nouveaux arrivants, la population faible encore, et de réorganiser les institutions civiles et religieuses. Mais ses efforts patriotiques devinrent en partie infructueux par la lutte entre Mégabise, roi d'Assyrie et Artaxerxe, roi de Perse, qui portèrent le théâtre de leurs hostilités parfois aussi sur le territoire des Juifs. Le dernier de ces rois y envoya Néhémie, en qualité de gouverneur de sa patrie (l'an 440 avant J.-C.), avec la mission de fortifier la ville de Jérusalem, qui, jusque alors, s'était trouvée ouverte à toutes les surprises ; de faire fleurir la religion, et de protéger par toutes les dispositions nécessaires la prospérité du nouvel État. Le zèle pieux de cet homme contribua beaucoup à augmenter la séparation existant entre les Juifs et les Samaritains, et la changea en haine implacable ; cette haine fut à son comble, lorsque les Samaritains, sous la protection du roi Darius Nothus, bâtirent dans leur pays un temple particulier sur le mont Garizim, près de Sichem, pour y adorer le vrai Dieu, temple dont le premier grand-prêtre fut Manassé. Cette circonstance les détacha complétement de tout rapport de culte avec leurs frères de Juda. Les Juifs, régis par leurs propres grands-prêtres, passèrent paisiblement une assez longue suite d'années, sous la domination des rois de Perse, jusqu'à ce que la mort d'Alexandre, qui, avec la Perse, avait aussi assujetti la Judée (l'an 535 avant J.-C.), occasionna des guerres et des troubles sans fin parmi les capitaines de ce prince, dont la rivalité bouleversa toute la face de l'Asie. Les Juifs, dans ce conflit, eurent pour premier maître Ptolémée-Lagus (l'an 320 avant J.-C.), qui s'empara de Jérusalem et emmena en Égypte grand nombre d'indigènes, que beaucoup d'autres suivirent bientôt volontairement. Plus tard ils tombèrent sous le joug des rois de Syrie (l'an 197 avant J.-C.), dont le gouvernement fut assez doux dans son principe, et leur procura les moyens de s'établir, en partie, dans beaucoup de villes de l'Asie, où ils furent à même de profiter des sciences et des arts des Grecs. Mais, vers la fin, cette domination, sous le règne d'Antiochus-Épiphanès, dégénéra en tyrannie. Un de leurs grands-prêtres en fournit l'occasion, en ce qu'il chercha à obliger les Juifs proprement dits d'adopter les mœurs et les coutumes des Grecs, alléguant pour motif qu'ils se rendaient méprisables aux yeux de leurs voisins éclairés, par l'observance trop scrupuleuse du culte de leurs pères, et par l'aversion souvent aveugle qu'ils nourrissaient pour tout ce qui leur était étranger. L'opposition d'une partie du pays à ces tentatives, irrita tellement Antiochus, qu'il ne recula devant aucune voie de cruautés pour faire fléchir les croyances de ses malheureux habitants. Il essaya d'extirper, par la violence, leur religion, leurs coutumes et leurs mœurs, et excita justement l'héroïque famille des Macchabées à lui opposer, pendant bien des années, une résistance opiniâtre, qui, à la vérité, devint parfois très-funeste aux Syriens, mais épuisa en même temps le pays : cela porta les Juifs à rechercher l'alliance dangereuse des Romains, alors maîtres de la Syrie et de toutes les contrées environnantes. La suite immédiate de cet état de choses fut une indépendance absolue du pays judaïque, pendant un siècle entier; et ses habitants goûtèrent le rare plaisir d'être gouvernés par leurs propres princes de la famille des Macchabées, dont le premier, Jean Hircan, conquit (l'an 155 avant J.-C.) toute la Samarie, et détruisit le temple que les habitants y avaient bâti sur le mont Garizim. Il réunit les Iduméens au peuple juif, en introduisant la circoncision parmi eux; nouveau David, il recula de tous les côtés les limites de l'État. Aristobule Iᵉʳ prit le titre de roi (l'an 107 avant J.-C.) et poursuivit les conquêtes de son prédécesseur. Mais cette gloire fut de courte durée. Car lorsque ses neveux, Hircan et Aristobule II, qui étaient frères, se disputèrent la possession du pays (l'an 70 avant J.-C.), chacun de son côté engagea le général romain Pompée, dont les armées victorieuses avaient conquis tout l'ancien empire de la Syrie, à s'établir leur arbitre; Pompée y consentit, mais d'une manière fatale à tous les deux. Il occupa, il est vrai, Jérusalem au nom de Hircan (l'an 63 avant J.-C.), mais il en rasa les murs et enleva la dignité royale aux Macchabées, en se bornant à nommer Hircan grand-prêtre et régent sous la suprématie des Romains. Tout le territoire que les Juifs avaient conquis leur fut enlevé et joint à la province de Syrie. Jules César, qui bientôt après remplaça Pompée, confirma Hircan dans son ombre de dignité, et lui permit de reconstruire les murs de Jérusalem. Il lui substitua un autre gouverneur dans la personne d'Antipater, Iduméen de distinction et père d'Hérode. Ce fut à cette époque que la famille d'Hérode commença à régner sur les Juifs, bien qu'en réalité les Romains fussent seuls les maîtres. Phasaël et Hérode, fils d'Antipater, furent promus, déjà du vivant de leur père, à la dignité de gouverneurs, l'un de Jérusalem et l'autre de la Galilée. Ce dernier, ayant su s'insinuer dans la faveur des Romains et de leurs plus hauts magistrats qui se succédèrent dans l'administration du pays, en recueillit l'avantage précieux de se voir nommer roi unique de toute la Judée, du consentement des Romains et par la concession de leurs chefs suprêmes, Antoine et Auguste. Il débuta avec beaucoup de douceur, mais il commit plus tard les plus grandes cruautés. Ce fut vers la fin de son règne que Jésus-Christ vint au monde à Bethléem. Ce roi rebâtit plusieurs forts et villes qui avaient été détruits. En vue de se faire aimer du peuple, à la place de l'ancien temple, assez modeste, élevé sous Zorobabel, il en fit reconstruire un vraiment magnifique (l'an 17 avant J.-C.). L'édifice principal fut achevé en neuf ans et demi, mais les ailes beaucoup plus tard. Les fils d'Hérode furent confirmés dans le gouvernement de toute la Judée par l'empereur romain Auguste, après la mort de leur père; mais ils ne portèrent plus le titre de roi l'an 5 avant J.-C.). La Judée, la Samarie et l'Idumée méridionale échurent à Archelaüs, avec la dignité d'*Etnarque*[1]. Ces provinces faisaient la moitié de tout le pays. La Galilée en deçà et la Pérée au delà du Jourdain, jusque vers la mer Morte, furent données à Hérode Antipas, avec le titre de *Tetrarque*[2], et Philippe fut nommé à la même dignité, pour régner sur la partie orientale du Jourdain, comprenant la Batanée, la Trachonitide et l'Auranitide. Mais Archelaüs, ayant plus tard abusé de son autorité, fut déposé et envoyé en exil (l'an 6 après J.-C.), et l'empereur Auguste, en réunissant ce gouvernement à la province romaine de la Syrie, le rendit tributaire. A partir de cette époque, chaque fois que l'on nomma un proconsul romain dans la Syrie, on lui adjoignit, pour la Judée et la Samarie, un vice-gouverneur ou procureur envoyé également de Rome. Cette charge fut remplie en premier lieu par Coponius, Marcus Ambivius et Annius Rufus; et, sous

---

[1] Mot grec qui signifie *chef du peuple.*

[2] *Idem* chef de quatre provinces

l'empereur Tibère, par Valérien Gratus, et, à compter de l'an de Jésus-Christ 28 à 58, par Ponce-Pilate. Telle était la situation de la Judée, quand elle commença à devenir le théâtre de l'histoire évangélique. Il s'agit donc maintenant d'en donner une description plus détaillée pendant cette mémorable période.

COUP D'OEIL GÉNÉRAL SUR LE PAYS.

Avant de porter notre attention isolément sur chaque partie, contrée, territoire, villes et autres lieux remarquables de la Judée, à l'époque de Jésus-Christ, il faut d'abord jeter un coup d'œil sur l'ensemble pour se former une juste idée de sa constitution générale.

1° Noms, limites, étendue et population de la Judée.

On a déjà fait mention des diverses dénominations sous lesquelles le pays a été désigné à des époques distinctes et à différentes occasions. Dans les temps les plus reculés on l'appela *terre de Chanaan,* ou simplement *Chanaan.* On entendait par là sa partie orientale seulement, à commencer

de la mer Méditerranée jusqu'au Jourdain, tandis que sa
partie occidentale, qui s'étendait du Jourdain aux frontières de l'Arabie déserte, portait le nom de *Galaad*. Les
successeurs des patriarches regardant la Judée comme la
patrie qui leur avait été assignée à perpétuité par les vo-
lontés du Très-Haut, elle fut, pour cette raison, appelée
la *Terre promise*, dénomination qu'emploie quelquefois le
Nouveau Testament, et qui devint générale par la suite,
principalement chez les chrétiens du moyen âge, d'où elle
a passé jusqu'à nous. Cette contrée est aussi nommée *Pays
des Hébreux*, comme ayant été la demeure des descendants
d'Abraham, que les indigènes désignèrent sous le nom
d'*Héber*, en d'autres termes *nouveaux venus*, ou arrivant
d'au delà, c'est-à-dire des contrées situées au delà du Jourdain et de l'Euphrate, et encore *Pays d'Israël*, comme demeure des descendants de Jacob qui se nommait aussi *Israël*.
Ce nom fut en usage de préférence jusqu'à la captivité de
Babylone. Après cette époque, ce pays fut nommé *Judée*,
parce que le reste du peuple qui s'en revint de Babylone,
s'établit sur le territoire de l'ancien royaume de Juda. Le
nom de *Palestine*, qu'on lui donne exclusivement dans les
géographies modernes, et dont on se sert généralement,
lui vient en grande partie des auteurs grecs, parce que les
Philistins (Phéniciens) qui y résidaient, étaient le plus
connus des Grecs comme navigateurs et commerçants.
On appela ce pays *Syria Palestina*, pour avoir été réuni

plus tard à la province limitrophe de la Syrie. Il fut nommé *Pays de Dieu*, *Terre-Sainte*, comme ayant servi de théâtre à l'histoire sacrée des Juifs et des Chrétiens. Nous adopterons le nom de *Judée* puisqu'il est le plus usité et le plus connu ; cependant nous emploierons aussi parfois celui de *Palestine*, plus propre à la géographie moderne.

Les limites de la Judée varièrent à différentes époques, et parvinrent, sous David et Salomon, à leur plus grande étendue. Sous la domination des Romains et du temps de Jésus, elle était bornée au nord-ouest par la Phénicie[1], au nord par la Syrie[2], à l'est par l'Arabie dé-

---

[1] La *Phénicie* (Pays des Palmiers), aussi appelée *Syrophénicie* du temps de Jésus, n'était pour ainsi dire qu'une langue de terre de quinze myriamètres de long sur un myriamètre cinq kilomètres de large, serrée entre la Méditerranée et les montagnes de la haute Palestine. Ses frontières étaient à l'occident la chaîne du Liban, et au nord le fleuve Éleuthère, près de la ville d'Orthosie. Elle fut habitée par le peuple le plus industriel, le plus ingénieux, le plus inventif et le plus commerçant de l'ancien monde. Ses villes les plus célèbres furent Tyr et Sidon.

[2] La Syrie, nommée *Aram* dans l'Écriture, bornée à l'ouest par la Méditerranée, à l'est par l'Euphrate, au sud par le Liban, et au nord par le mont Taurus et l'Asie mineure, fut dans tous les temps un État important ; devenue province romaine à l'époque de Jésus, elle était gouvernée par un pro-

erte[1], au sud par l'Arabie pétrée et par l'Égypte[2]. Elle est aignée à l'orient par la Méditerranée, que la Bible nomme implement la *Mer*. On a remarqué avec raison que la Palestine se prêtait admirablement par sa position aux grands vénements dont Dieu voulut qu'elle fût le théâtre : car

onsul, qui eut sa résidence à Antioche, située sur les rives le l'Oronte. C'est dans cette cité qu'on déféra pour la première ois le nom de *Chrétiens* aux adhérents de Jésus.

[1] L'Arabie, nommée par rapport à sa position vers l'est *pays de l'Orient*, longe la Judée de l'est au sud. La contrée qui la borne à l'est fut appelée l'*Arabie déserte*, parce qu'elle consiste en une plaine immense, sablonneuse, aride et privée de toute végétation, entrecoupée çà et là de quelques collines. La partie du sud porta le nom d'*Arabie pétrée*, de sa capitale nommée *Pétra*, place commerçante et fortifiée, servant d'entrepôt. Cette contrée est le désert d'Arabie que les Israélites parcoururent pendant quarante ans sous Moïse, avant de conquérir la terre de Chanaan. C'est là que se trouvent les monts Sinaï et Horeb. L'Arabie heureuse, située au sud-est des deux premières contrées, fut ainsi nommée, non-seulement à cause de son extrême fertilité en comparaison des deux autres, mais aussi et plutôt par les grandes richesses qu'elle devait à son commerce.

[1] L'Égypte, au nord-est de la Palestine, fait partie de l'Afrique, et se trouve séparée de l'Asie par l'Arabie pétrée et par la mer Rouge. Elle passe pour avoir été l'un des pays les plus fertiles et des plus riches de l'antiquité, et pour avoir dû ces avantages aux débordements du Nil.

cette position la mettait, par le nord et l'est, en communication avec tous les grands peuples de l'Asie. La Méditerranée et la commerçante Phénicie lui ouvrirent la voie de l'Europe voisine, et notamment de la Grèce et de l'Italie, et tout facilitait ses relations avec l'Égypte. Puis la suite prouva combien sa situation était propre et favorable à la propagation du Christianisme dans toutes les contrées.

Ce pays n'était pas remarquable par son étendue. Situé entre les 51ᵉ et 35ᵉ degrés de latitude, et entre les 52ᵉ et 54ᵉ de longitude, il comprenait du nord au sud un peu plus de trente myriamètres, et de l'est à l'ouest, dans sa plus grande largeur, environ vingt. La sainte Écriture cite les villes de Dan, au nord, et de Bersabée, au sud, comme étant les deux extrêmes de cet État; de manière que la population énorme dont on parle dans quelques passages de la Bible, paraît disproportionnée, eu égard à la superficie du territoire. Mais si l'on songe à toutes les ressources qu'une habile agriculture tirait du sol, à la tempérance naturelle à tous les peuples du Levant, et à la fécondité reconnue des mariages juifs, on croira moins difficilement que le nombre des habitants ait pu monter à environ cinq millions, aux époques les plus florissantes de la Judée.

2° *Montagnes, plaines et vallées.*

La Judée, au premier aspect, ne paraît pas être favo-

isée de la nature ; car au fond ce n'est, en général, qu'un
pays montueux, ayant çà et là des vallées isolées, et au
centre une seule un peu plus vaste, arrosée par le Jourdain. Une chaîne de montagnes, se partageant en beaucoup de ramifications, longe les deux côtés de ce fleuve.
et se réunit à la fin aux monts Sinaï et Horeb, dans
l'Arabie pétrée. Néanmoins, comme elle abonde en sources,
elle se prête à une culture productive. On lui donne diverses dénominations, suivant ses différentes directions
et parties isolées. Dans le nord, elle commence par le
Liban, dont le nom signifie *monts blancs* ou *monts de
neige*, parce qu'en été même leurs cimes en sont couvertes.
Quoique le Liban fasse partie de la Syrie, on doit le citer
ici, parce qu'il est souvent mentionné dans l'Écriture. Il se
compose, à proprement parler, de deux rangs de montagnes, qui descendent en quatre pentes superposées l'une
sur l'autre, enclavant dans leur enceinte une vaste vallée
appelée *la Célésyrie* (Syrie creuse). Elles présentent, par la
variété de leur élévation, l'aspect charmant d'un paysage
qui réunit le printemps et l'hiver. La chaîne de montagnes
située à la droite de la Célésyrie, nommée l'*anti-Liban*
(ou *Liban opposé*), par sa position parallèle avec le Liban
de la Syrie, auquel elle paraît, pour ainsi dire, s'appuyer,
forme la limite septentrionale de toute la Palestine, et porte,
comme en faisant partie, selon l'Écriture, le nom général
de *Liban*. Ces montagnes sont principalement fameuses

par les cèdres qui y croissent, et dont on fera mention plus bas, en parlant des forêts de la Judée. Le point culminant du centre de ces groupes s'appelle l'*Hermon*, qu'il ne faut pas confondre avec un autre Hermon situé dans la province de Galilée, et aux environs du mont Thabor. Diverses autres montagnes se succèdent sur une seule ligne, seulement entrecoupées çà et là de quelques vallées, et tirant de l'Anti-Liban, à l'est du Jourdain, vers le sud, descendent sur celles de Moab, qui comprennent, sous le nom général de *monts Galaad*, au nord les montagnes de Basan, au centre les monts Galaad (proprement dits), au sud les montagnes d'Abarim, et occupent une ligne d'environ vingt-deux myriamètres jusqu'à l'Arabie. Mais aucune de ces montagnes n'a quelque célébrité dans l'histoire du Nouveau-Testament. L'ancien fait mention du Nébo, appartenant à celles d'Abarim : ce fut le lieu d'où Moïse jeta un coup d'œil sur toute la terre promise, et où il mourut. La chaîne descendant du côté occidental du Jourdain, ne présente que des hauteurs isolées; mais elle devient la plus importante par les citations nombreuses qu'en fait l'Évangile.

Au sud-ouest du Liban, sur les côtes de la Méditerranée et du côté méridional du golfe de Ptolemaïs, on remarque d'abord le Carmel (contrée des blés) qui, à raison de sa beauté et de sa fertilité, mérite de porter ce nom. Il forme vers la mer un promontoire élevé, qui avait appartenu autrefois à la Phénicie. Il s'élargit à mesure qu'il diminue de pente en s'avançant vers l'intérieur du pays, et forme un circuit de plus de six myriamètres vers le sud, dont le centre est une plaine vaste, fertile et riante. Au sud-est, cette chaîne se joint aux montagnes de la Samarie ou d'Éphraïm, dont on parlera plus tard. La partie de la chaîne la plus agréable et la plus propre à une culture extrêmement productive, se trouve au milieu. Elle se compose, tour à tour, de collines et de vallées ornées de frais bocages et de sources limpides, et contient de belles grottes, dont le nombre est prodigieux. On y montre encore celle que les prophètes Élie et Élisée avaient choisie pour retraite. Aussi devinrent-elles plus tard la paisible demeure de solitaires et de moines chrétiens qui prirent le nom de *Carmes*. Quelques auteurs prétendent avoir trouvé dans le Carmel la montagne désignée par saint Mathieu, comme celle où le Christ donna rendez-vous à ses disciples, pour prendre congé d'eux sur la terre. Mais l'opinion la plus générale est que la transfiguration s'opéra au mont Thabor.

Le Thabor est situé à un myriamètre de la ville de Nazareth et à trois du Carmel. Il s'élève insensiblment pendant environ trois heures du milieu d'une belle plaine, et est couronné par un plateau de cinq kilomètres de circonférence, couvert de petits buissons et de plantes odoriférantes. Ses flancs sont garnis de Caroubiers. De son sommet l'œil embrasse la Méditerranée, le lac de Génésareth, le Jourdain avec ses environs les plus pittoresques. Ainsi, tout contribue à faire du Thabor l'un des points les plus beaux de la Judée. On gravit le Thabor par un sentier tortueux, très-étroit et pierreux. Josèphe, général et historien juif, y établit, dans les dernières guerres des Juifs, des fortifications contre les Romains. On voit encore aujourd'hui, sur son flanc méridional, les ruines d'un couvent chrétien que le sultan Saladin détruisit en 1187, et sur l'emplacement duquel les mahométans élevèrent un château en 1214. C'est au pied du Thabor que les Français remportèrent en 1799 une grande victoire. L'on montre, vers le nord-ouest du Thabor, dans les environs de l'ancienne ville de Béthulie, aujourd'hui Japhet, et non loin du lac de Génésareth, la montagne dite des *Sept béatitudes*, où Jésus fit son discours, connu sous le nom de *Discours sur la montagne*. Il est vrai que les Évangélistes ne la désignent pas nominativement. Cependant cette montagne a dû être bien propre à une telle scène, puisqu'il se trouve un plateau assez considérable sur son sommet de médiocre hauteur, qui s'incline de tous côtés en pentes douces, de façon qu'une grande quantité de peuple pouvait facilement entendre la parole du Sauveur. On pense aussi que c'est là que Jésus allait souvent passer la nuit en prières.

Au centre de la Judée s'élèvent, en nombreuses rami-

cations, les montagnes d'Israël ou d'Éphraïm, ainsi ap-
elées parce qu'elles sont situées sur le territoire de l'an-
ienne tribu d'Éphraïm. L'Écriture les désigne parfois sous
e simple nom de *Montagnes*. Elles comprennent toute la
haîne qui, partant de l'extrémité méridionale du Carmel,
'étend depuis la plaine d'Esdrelon ou de Jesraël jusqu'à
érusalem et Jéricho. Elles sont généralement fertiles; mais
ers le Jourdain elles deviennent d'une surface infiniment
ue, sauvage, âpre et triste, remplies de cavernes et de
récipices, qui servent ordinairement d'asile aux brigands.
On y remarque les hauteurs isolées de Garizim, d'Ébal, de
ilo et de la Quarantaine. Les deux premières cernent,
'une au sud et l'autre au nord, la ville de Sichem ou de
Napoli, dans la province de Samarie. Les Samaritains
vaient établi sur le mont Garizim (c'est-à-dire des *fau-
heurs*, à cause de sa fertilité) un temple dédié au vrai
Dieu, bâti du temps d'Alexandre-le-Grand, et qui rivalisa
vec celui de Jérusalem. Jean Hircan s'en vengea en le
uinant de fond en comble. Les Samaritains conçurent une
rédilection marquée pour cette montagne sacrée en mé-
noire de ce temple, et ils s'empressèrent encore bien long-
emps après de prier et de sacrifier sur ses hauteurs. En-
ore de nos jours les faibles restes de ce peuple possèdent
ne simple maison à Napoli (*Sichem*), contenant trois ap-
artements sacrés, dont celui du milieu renferme le *Tout-
Saint*, et dans lequel leur Bible (*les cinq livres de Moïse*)

est placée sur une espèce d'autel couvert d'un rideau, que le grand-prêtre a seul droit de tirer. C'est dans ce lieu qu'ils font leurs prières, la face tournée vers le Garizim, sur lequel la jalousie de leurs dominateurs les Turcs leur a interdit de se rassembler à cet effet. L'Ébal est moins fertile et porte, pour cette raison, le nom de *Montagne déserte et pierreuse*. Il est situé vis-à-vis du Garizim, et n'est remarquable qu'en ce qu'on y déposa les deux tables en pierre, sur lesquelles les lois fondamentales de Moïse se trouvèrent inscrites, et que l'on avait enduites de chaux pour empêcher leur décomposition. La montagne de Silo, à deux myriamètres de Sichem, dans les environs de laquelle le trouvait l'ancienne ville de Silo, où l'arche fut conservée pendant presque trois siècles, passe pour être la plus haute de la Palestine. La montagne de la Quarantaine, ou *Quarantania*, est un rocher nu, élevé, escarpé et inaccessible, situé à l'extrémité du désert, entre Jérusalem et Jéricho. Il tire son nom, ainsi que le désert, de la circonstance que Jésus, pendant ses quarante jours d'abstinence, y fut tenté par Satan qui, pour le séduire, lui montra du haut de son sommet tous les royaumes du monde.

Les montagnes de Juda se joignent à celles d'Éphraïm, et s'étendent, à partir de Jérusalem, par tout le midi, en des ramifications toujours croissantes en latitude, jusque vers la mer Morte. Elles tirent leur nom de leur position dans l'ancienne tribu de Juda. Elles étaient en grande partie fertiles, et par conséquent couvertes de villes, mais aussi pleines d'immenses cavernes et de précipices, principalement dans les environs de la ville d'Hébron. Elles se terminent sur les bords de la mer Morte en rochers à pic, nus et calcinés. Cette contrée est fameuse dans l'histoire sainte par les marches et contre-marches que David y exécuta pour mettre sa vie en sûreté et éviter les persécutions de Saül. On donna à des montagnes isolées le nom des villes voisines, mais aucune d'elles n'est remarquable dans l'histoire évangélique, à l'exception d'une seule, celle dite des *Oliviers*. Elle est située à l'est et à trois kilomètres de Jérusalem, et séparée de cette ville par le torrent de Cédron. Elle doit son nom aux plantations d'oliviers dont elle était couverte, bien qu'il y eût aussi une quantité considérable de figuiers, de citronniers, d'orangers, de palmiers et de vignes, vu sa grande fertilité. Elle domine de beaucoup les hauteurs sur lesquelles était bâtie une partie de Jérusalem, comme Sion, Moria, etc. Car nonseulement de là on voyait les deux tiers de la cité sainte, mais on embrassait encore d'un seul coup d'œil, savoir : au nord les monts d'Ébal et de Garizim, au sud Béthléem et Hébron, à l'ouest la contrée située vers la Méditerranée, et à l'est tout le pays du Jourdain, de la mer Morte et des montagnes au delà. C'est ce qui explique comment, du haut de la montagne des Oliviers, Jésus ait pu avoir devant les yeux la superbe Jérusalem et son temple. Le mont des Oliviers forme, du nord au sud, un demi-cercle autour de la ville, et se termine par un sommet à trois cimes, dont celle au nord est la plus élevée. Salomon y établit, en l'honneur des faux dieux, des autels que le roi Josias détruisit dans la suite; c'est pour cette raison qu'on la nomma *Montagne de la corruption* ou *du scandale*. La route de Jéricho à la Galilée franchissait sa cime occidentale. A son pied, à l'est, se trouvait Béthanie. C'est du haut du mont des Oliviers qu'anciennement on annonçait la nouvelle lune par des feux qu'on y allumait, et qui se répétaient de montagne en montagne, pour en donner avis à tout le pays. Sur la cime du milieu, s'éleva jadis une église magnifique, construite au quatrième siècle par l'impératrice Hélène, en mémoire de l'ascension de Jésus, qui, selon l'Évangéliste, eut lieu à cet endroit. Sur l'emplacement de cette église, se trouve aujourd'hui une petite chapelle gothique, que les Turcs ont changée en mosquée. L'on y montre encore aux pèlerins l'empreinte d'un pied dans le roc, de la profondeur de trois doigts, qu'on prétend être la trace que Jésus y laissa lors de son essor vers le ciel. La fertilité de cette montagne, autrefois si variée, a presque entièrement disparu aujourd'hui; le lieu même devient de plus en plus agreste et inculte. Il y a soixante ans que des voyageurs y trouvèrent encore de superbes oliviers; mais à présent qu'elle est presque entièrement dépouillée de terre végétale, elle porte à peine cinquante de ces arbres, et çà et là une vigne, un amandier ou un figuier. On n'y rencontre plus que de misérables broussailles, des oliviers sauvages, de tristes ruines de chapelles chrétiennes et mahométanes. La teinte jaunâtre du terrain lui donne un aspect sombre et aride. Au pied de cette montagne, dans la vallée du Cédron, on trouve un petit enclos appartenant à des moines de l'Église latine, et qu'on dit être situé sur l'emplacement du jardin de Gethsémani. On y voit encore huit grands oliviers d'une haute antiquité. Leurs racines sont abritées par des pierres, et on pourvoit à leur conservation par de la bonne terre. On trouve un pont bâti sur le Cédron pour passer de cette montagne à celle des Oliviers. C'est le chemin que Jésus prit pour aller prier à Gethsémani, dans la nuit qui précéda sa passion.

Sur les bords de la Méditerranée, à commencer des limites méridionales de la Palestine jusqu'au mont Carmel au nord, se trouve une plaine de la longueur de vingt myriamètres, qui passe pour avoir été jadis une des plus belles et des plus fertiles de ce pays. La partie située au sud, et qu'on nomme simplement la plaine de Séphela (*terre basse*), était entre les villes de Gaza et de Joppé, et fut anciennement la résidence des Philistins, qui y possédaient cinq villes, grandes, riches et florissantes, savoir : Gaza, Ascalon, Asdoth, Gath (ou *Geth*) et Eckron. La partie septentrionale, qui s'étend de la ville de Joppé le long du rivage jusqu'au Carmel, portait le nom de *Saron*, et avait été renommée par sa grande fécondité et ses gras pâturages. De là sa population si considérable et le nombre de ses villes et de ses villages. Aujourd'hui on y rencontre à peine quelques traces de son ancienne culture. Elle est fréquentée par des nomades arabes, qui épient le butin et guettent les naufrages pour piller tout ce qu'ils rencontrent. Il faudra néanmoins distinguer cette grande plaine de Saron, d'avec une autre moins considérable du même nom, qui s'étend depuis le mont Thabor à l'est, jusqu'au lac de Génésareth, et qui ne lui cédait en rien sous le rapport de la beauté et de la bonté du sol. Vient ensuite la plaine de Jesraël ou d'Esdrelon, traversant le pays dans toute sa largeur, depuis le Carmel et la Méditerranée jusqu'au Jourdain, et ayant pour limites, au nord, le mont Thabor et le petit Hermon, et au sud les montagnes d'Éphraïm. La longueur de cette plaine qui sépare, en deçà du Jourdain, la Palestine en deux parties, est d'environ six myriamètres, et sa largeur de vingt à vingt-cinq kilomètres. Là, où elle touche au Jourdain, elle se réunit à l'autre plaine moins grande de Saron, déjà citée. Elle abondait en froment, en vins, huiles et autres productions délicieuses, et tous les auteurs de relations de voyages s'accordent à faire l'éloge de sa fertilité extraordinaire. Aussi dans les anciens temps ses moindres bourgs comptaient-ils autant de citoyens que partout ailleurs les villes ordinaires. On considéra à toutes les époques la plaine de Jesraël comme la clef de tous le pays, c'est-à-dire que ceux qui l'occupèrent purent facilement se rendre maîtres de la Palestine entière. Aussi devint-elle en tout temps le théâtre de batailles décisives ; et de même que Saül combattit et mourut en ces lieux, les Chrétiens et les Sarrasins y combattirent aussi lors des Croisades, et plus tard les Français et les Turcs. Aujourd'hui elle fournit d'excellents pâturages aux nomades arabes, comme du temps où les fils de Jacob y conduisirent leurs troupeaux.

Cercle du Jourdain. Toute la contrée que baigne le Jourdain est une plaine aussi belle et aussi considérable que celle de Jesraël. C'est une vallée longue de plus de deux myriamètres, et large de vingt-cinq à trente kilomètres, que le Jourdain traverse du nord au sud, en coulant du lac de Génésareth à la mer Morte. Elle est bordée de tous côtés de montagnes. La contrée située sur les bords à l'ouest du Jourdain, appartenait en partie à la Samarie et en partie à la Judée; mais celle située sur la rive occidentale du fleuve, fit partie de la Pérée. Les Arabes l'appellent aujourd'hui *Al-gour* (plaine basse). Elle est mentionnée dans le premier livre de Moïse comme ayant formé les pâturages de Loth. Elle surpassait en fertilité et en agréments toutes les plaines longeant les côtes de la Méditerranée, avantage qu'elle devait aux eaux abondantes des canaux alimentés par le Jourdain.

Ce fut dans cette vallée que débuta *saint Jean-Baptiste*, vu l'affluence de population qu'y attiraient les routes nombreuses et les gués du Jourdain, en communication avec Jéricho et Jérusalem : circonstance de lieu qui en facilitant la mission de l'Apôtre, lui offrit en même temps les moyens de se soustraire aux persécutions. En effet, le territoire en deçà du Jourdain faisait alors partie de la Judée et de la Samarie, sous la domination des Romains, et celui d'au delà de cette rivière relevait du Tétrarque Antipas : ce qui permettait à saint Jean de changer promptement de résidence.

La partie inférieure, la plus méridionale de cette plaine, porte aussi le nom de *Plaine de Jéricho*, parce qu'elle s'étend de cette ville jusqu'à Engeddi, près la mer Morte, dans une longueur de dix-huit kilomètres sur cinq de largeur. Elle était aussi fertile et aussi riante que la partie supérieure. Abondamment arrosée de rivières et de canaux nombreux dérivant du Jourdain, elle était à même d'entretenir de magnifiques plantations d'arbustes-palmiers, d'oliviers, de bananiers et des champs de roses les plus belles de la Judée pour l'éducation des abeilles. Aujourd'hui, par la négligence de ses habitants, elle est presque entièrement aride.

Ce pays contient encore un grand nombre de vallées plus ou moins grandes, qui tirèrent leurs noms de montagnes voisines ou des villes bâties sur leur croupe, ou même des petites rivières qui les arrosaient, parfois aussi

de leurs productions, ou de quelques circonstances acci-
dentelles. Nous nous bornerons à citer les suivantes :

La vallée de Cédron, comme il est dit d'autre part,
entre la montagne des Oliviers et la ville de Jérusalem.
Elle dut son nom au torrent qui la partage.

La vallée de Josaphat qui, en réalité, n'en forme
qu'une seule et même avec celle de Cédron. Elle s'étend
le long du Cédron, vers le sud-est, jusqu'à la mer Morte,
et servait anciennement de cimetière commun au bas peuple. C'est de là que dériva l'opinion que ce lieu devien-
drait un jour le théâtre de la résurrection et du jugement
dernier. On y voit encore aujourd'hui beaucoup de tombeaux taillés dans le roc, et les Juifs actuels, habitant
Jérusalem, aiment à s'y faire inhumer.

La vallée de Hennon (Ge-hennon ou Ben-hennon) se
trouve au sud-est de Jérusalem, et fut destinée au culte
du barbare Moloch, auquel on sacrifiait des enfants dans
le temps de l'idolâtrie des Israélites. On prit tant en horreur cette vallée dans les siècles suivants, qu'on lui donna
le nom de *Gehenna* (qui signifie *enfer, séjour des dam-
nés*). Cette vallée aboutit à celle de Rephaïm (*vallée des
Géants*), nom qu'elle prit probablement de ses plus anciens habitants, appelés les *Géants*, à cause de leur constitution physique vraiment extraordinaire. Elle s'étend
de Jérusalem à Bethléem. L'excellence de son sol et ses
plantations de mûriers étaient en grande réputation.

5° *Forêts, déserts et cavernes.*

On peut conclure, d'après la nature montagneuse de ce pays, qu'il dut primitivement être couvert de forêts considérables; mais elles diminuèrent peu à peu par les suites de dévastations perpétuelles, de guerres et de leur exploitation continuelle en bois de construction et de chauffage. Les forêts de cèdres du Liban, bien que souvent mentionnées dans l'Écriture pour leur beauté, ne sont pas à considérer comme ayant été en propre à la Palestine, car le véritable Liban appartenait aux Phéniciens; c'est ce qui obligea Salomon, lors de l'édification de son temple, de s'adresser au roi Hiram, pour obtenir la permission d'y abattre des cèdres. Il est certain que si Salomon en eût possédé sur l'anti-Liban, situé aux limites de la Palestine, il aurait pu plus facilement les faire transporter à Joppé, sur le Jourdain, que par mer. Cet arbre superbe et majestueux a la solidité du fer, et exhale une odeur agréable. Il parvient à un âge fort avancé, et est particulièrement propre à tout genre d'architecture et à la construction navale. Aujourd'hui ces arbres ne sont plus aussi nombreux sur le Liban, si on en excepte une forêt de huit à neuf cents cèdres, grands et petits, parmi lesquels on remarque neuf troncs principaux, qui se distinguent par leur circonférence et leur haute antiquité. Les forêts de pins et de sapins sur l'anti-Liban, celles de chênes, sur les montagnes du Basan, sur le Carmel, le Thabor et les autres montagnes, et bien d'autres forêts moins considérables situées sur les hauteurs, les bords du lac de Méron et le long du Jourdain, appartenaient aux habitants, mais suffisaient à peine à leur chauffage ordinaire. C'est ce qui obligea particulièrement la classe indigente de se servir de broussailles, de paille et du fumier séché des bestiaux. Il ne faudra pas confondre, dans le nombre des forêts à tout usage, le bois de palmiers d'environ vingt-cinq kilomètres de long, situé dans les environs de Jéricho, et qui fit donner à cette ville le surnom de *Ville des Palmiers*. Car dans la Palestine on cultivait et on estimait ces arbres nombreux plutôt pour leur fruit (*dattes*) que pour l'emploi de leur bois comme chauffage.

Quant aux déserts de la Judée, on ne doit pas toujours les considérer comme des solitudes âpres et affreuses, mais en grande partie comme des bruyères ou contrées moins habitées et plus incultes que le reste, cependant en général propres au pâturage. Le désert de Bethsaïda entre dans cette catégorie. Il est situé près du lac de Génésareth, et Jésus y nourrit plusieurs mille personnes. Néanmoins, il y avait en Palestine de véritables déserts; de nature âpre, sauvage et triste. Entre autres celui de Juda, d'un myriamètre de long, qui commençait près de Thecua, au sud de Bethléem, longeant le rivage de la mer Morte vers l'est, et aboutissant dans son voisinage, savoir : au désert d'Engeddi, par le haut, à celui de Ziph par le milieu, et à celui de Maon par le bas. Encore cette contrée produisait-elle des baumiers, offrant quelquefois de bons pâturages, à l'exception de certains points isolés, entièrement nus et stériles. On regardait aussi comme un désert proprement dit le lieu où Jésus fut tenté par le démon : c'était le désert de Jéricho, c'est-à-dire la partie montagneuse la plus sauvage entre cette ville et Jérusalem, que l'on nomma par cette raison *Quarantina* (lieu du jeûne des quarante jours). Des voyageurs modernes parlent de cette contrée comme d'un désert affreux et extrêmement dangereux, et en font un repaire de voleurs et d'assassins : réputation qu'il avait déjà du temps de Jésus, ce que prouve la parabole du Samaritain. Aussi la route qui traversait le désert fut-elle appelée *Chemin de sang*, et les Romains établirent plus tard, dans son voisinage, un château dont la garnison fut destinée à protéger les voyageurs contre tout brigandage. Le désert dit de *Berthel*, situé entre cette ville et Jéricho, sur les montagnes arides d'Éphraïm, était du même genre ; finalement il y avait encore bien des contrées de la Judée qui, quoique cultivées et en partie peuplées du temps de Jésus-Christ, avaient conservé jusque-là le nom de désert, à cause de leur ancienne aridité.

La Judée abonde en cavernes ou grottes naturelles, principalement au Carmel, à l'Anti-Liban et aux montagnes d'Éphraïm et de Juda. Cependant les plus spacieuses et les plus remarquables se trouvaient dans les environs de la ville d'Hébron, entre autres la caverne d'Odollam, dans les rochers effroyables à l'est de Bethléem, où David se cacha pour éviter la colère de Saül.

Ces cavernes servirent, dans les premiers temps, de demeures ou de lieux d'asile aux habitants primitifs, appelés, par cette raison, *Troglodytes*. Lorsque l'accroissement progressif de la culture introduisit un ordre social plus régulier, ces demeures furent échangées contre des villes et des bourgs, et ne furent occupées qu'en temps de guerre ou de danger personnel; parfois aussi elles devinrent le repaire de brigands ou de bandes rebelles qui troublaient le pays. Élie et David y cherchèrent une retraite, et Jésus lui-même conseilla, lors de la dernière guerre les Juifs, *de fuir sur les montagnes*, c'est-à-dire de chercher un refuge dans les cavernes, parce que, dans cette contrée éloignée du théâtre de la guerre, on pouvait se nourrir pendant quelque temps à la manière des nomades. Les habitants d'aujourd'hui se servent encore de ces cavernes dans le même but.

4° *Fleuves, rivières, lacs, mers et sources.*

Le fleuve le plus important et le plus considérable de la Palestine est le Jourdain (*Jarden*, aujourd'hui *El Scha-riah* ou *Gué*). Son ancien nom signifie *fleuve qui vient du haut*, parce qu'il arrose le pays du nord au sud dans une ligne droite de dix-huit myriamètres. Il prend sa source sur la croupe la plus élevée de l'anti-Liban, aux environs de la ville de Césarée-Philippe, dans un lac formé des neiges fondues de ces montagnes. C'est donc de ce lac qu'il s'échappe sous le nom de *Petit-Jourdain*, et forme lui-même, après un trajet de deux myriamètres, le petit lac trouble et marécageux de Mérom ou de Samochonite, où s'altèrent ses ondes originairement pures et limpides. De là il reprend son cours, et coulant l'espace de trois myriamètres à travers des rochers et des chaînes de collines, il devient successivement plus clair. C'est pendant ce trajet qu'il reçoit plusieurs rivières, et se change en fleuve large et profond. Environ mille pas plus loin que le lac de Mérom, ce fleuve est traversé par un pont bâti en pierres basaltiques sur trois arches, et long de soixante pas sur seize de large. Il porte le nom de *Pont de Jacob*, parce qu'on prétend que ce patriarche passa le fleuve à cet endroit, à son retour de la Mésopotamie. Après un cours de trois myriamètres, il se jette dans le lac de Génésareth, d'où il sort, devenant successivement plus rapide, traverse une étendue de plus de douze myriamètres, et arrose dans son passage une des plus belles plaines, d'où il se perd ensuite dans la mer Morte. A quinze kilomètres de l'embouchure du Jourdain, entre le lac de Génésareth et la mer Morte, il y avait du temps de Jésus plusieurs gués,

notamment deux de quelque importance, nommés Bétha-
bara (gué de passage), l'un dans les environs de Jéricho,
et l'autre plus haut, proche de Scythopolis. Non loin d'un
de ces gués, sur la rive orientale, est le lieu où Jésus se
fit baptiser. C'est par erreur que, de nos jours, les pèlerins venant de Jérusalem se font conduire sur la rive occidentale pour se baigner à l'endroit même où Jésus reçut
le baptême. Ses bords étaient garnis, presque tout le long
de son cours, d'un grand nombre d'arbres, de roseaux
et de buissons marécageux ; car le fleuve prenait une crue
considérable au printemps, lors de la fonte des neiges,
sortait de son lit et inondait les terres voisines. Aujour-
d'hui il n'y a plus guère de ces inondations, vraisemblablement par la raison que le Jourdain s'est creusé un lit
plus profond. Cependant des voyageurs assurent avoir
trouvé ses bords très-bourbeux, et d'autres parlent d'i-
nondations pendant lesquelles ce fleuve prend une largeur
de deux kilomètres. C'est encore au mois de mars, lorsque
la neige fond sur les montagnes où il a sa source, qu'il
grossit le plus. Ses eaux deviennent alors plus troubles,
prennent une teinte plus jaunâtre qu'à toute autre époque,
et son cours est plus rapide et plus impétueux.

Ce fleuve national était regardé comme sacré par les
Juifs, et fut autant en vénération chez eux que le Nil chez
les Égyptiens : car combien de miracles n'eurent pas lieu
sur ses rives, et combien de souvenirs grands et glorieux

de leur histoire ne s'y rattachent-ils pas ! Le Jourdain devint dans la suite également important pour les Chrétiens par le baptême de Jésus, et conserve encore à leurs yeux aujourd'hui une sainteté toute particulière. Tous les pèlerins venant de Jérusalem se baignent dans ses eaux, et l'Église grecque fête la dédicace du Jourdain le 6 janvier de chaque année.

Parmi les autres rivières qui, du reste, méritent à peine ce nom, nous citerons d'abord celles qui se jettent de l'est et de l'ouest directement dans le Jourdain, ou qui portent leurs eaux dans les lacs que celui-ci forme, ensuite celles qui se perdent dans la Méditerranée.

Nous commencerons par l'ouest, savoir :

La rivière de Daphné, qui se jette dans le lac de Mérom ou de Samochonite.

La rivière qui, coulant dans les environs de Capharnaüm dont elle prend le nom, se jette dans le lac de Génésareth.

L'Aénon, qui prend sa source dans les montagnes d'Éphraïm, passe entre le lac de Génésareth et la mer Morte, et tombe ensuite dans le Jourdain.

Le torrent de Cédron, nommé *Noir,* à raison du sang des victimes qui y découlaient du temple avec des immondices conduites par les égouts de la ville. Il commence dans la vallée qui se trouve entre Jérusalem et la montagne des Oliviers, n'a que la largeur de trois pas dans les environs de la ville, et tarit presque entièrement en été, mais grossit considérablement dans la saison pluvieuse par les eaux qui descendent des montagnes. Il traverse la vallée de Josaphat vers le sud, tourne à son extrémité au sud-est, et se jette finalement dans la mer Morte. On a déjà fait mention du pont qui traverse son lit profond et étroit pour entretenir la communication entre Jérusalem et la montagne des Oliviers. Dans le voisinage de la mer Morte, se trouve aujourd'hui le couvent de Saint-Saba, dont l'église est bâtie sur une petite éminence au milieu du lit de ce torrent.

Du côté de l'est, s'unissent au Jourdain les deux petits ruisseaux de Hiéromax et de Jabok, au-dessus du lac de Génésareth.

La petite rivière de l'Arnon vient de l'Arabie déserte, et formait la limite entre les tribus de Gad et de Ruben et les Moabites. Elle se jette dans la mer Morte.

Parmi les eaux de la Judée qui se perdent dans la Méditerranée, nous citerons particulièrement :

Le Bélus, qui sort du marais de Cendevia, et qui, après un trajet d'un myriamètre vers le sud, tombe dans la mer, au-dessous de la ville et du port de Ptolémaïs. Il est remarquable par la circonstance que les Phéniciens y fabriquèrent le premier verre de son sable, ce qui le fit nommer *Schichor-Libnath*, qui signifie *rivière trouble charriant du verre*. Les navigateurs vénitiens chargeaient toujours leurs vaisseaux de sable du Bélus, en guise de lest, pour l'employer à la fabrication des glaces.

Le Cison prend sa source au pied du mont Thabor; renforcé d'un nombre considérable d'autres ruisseaux, il parcourt la plaine magnifique de Jesraël, et se jette dans la mer, à l'extrémité septentrionale du promontoire du Carmel.

Le Chorsé tombe dans la mer, au nord, au-dessus de Césarée.

Le Kanah (ruisseau des jours) se jette dans la mer, au sud, au-dessous de Césarée, et le ruisseau de Jarkon aux environs de Joppé.

L'Escol (ruisseau des raisins) et le Bésor se perdent dans la mer du côté de Gaza.

Parmi les lacs de la Judée, nous porterons notre attention seulement sur ceux qui sont en communication avec le Jourdain, fleuve principal du pays.

Le lac Mérom, nommé plus tard Samochonites, est trouble, parsemé de roseaux et de joncs. Dans sa plus grande crue, au printemps, il a quinze kilomètres de long sur vingt-deux hectomètres de large. Pendant la saison des chaleurs, il diminue tellement, que son lit, souvent à sec, est en partie ensemencé de riz et en partie caché sous des broussailles qui servent de retraite aux bêtes fauves.

Le lac de Génésareth (aujourd'hui Bahhr-Tabæria) doit

on premier nom aux sites magnifiques qui l'encadraient
u nord, et que l'on appelait *Gennesar* (jardins des ri-
hesses). Là était autrefois la belle ville de Cinnereth. Le
énésareth se nommait aussi mer de Tébériade, à cause de
a ville, si connue du temps d'Hérode l'Ascalonite. Le lac
vait trois myriamètres de long sur un de large. Ses eaux
impides, saines et poissonneuses, recevaient des hauteurs
oisines plusieurs belles rivières, entre autres celle de Ca-
harnaüm. Les vieux auteurs et les voyageurs modernes
'accordent à louer les agréments et la fertilité des environs
de ce lac. Tout ce qu'un doux climat peut produire, s'y
trouvait. Des haies de palmiers et de noyers formaient de
nombreux enclos où des raisins et des fruits de toute espèce
flattaient le goût le plus délicat. Là, comme en guirlande,
se trouvaient disposées l'une auprès de l'autre, les popu-
leuses et charmantes villes de Capharnaüm, Bethaïda,
Magdala, Tibériade, Emmaüs, Gamala, Taricheas et
Hippos. L'extrême abondance de poissons dans ce lac faisait vivre plus de douze cents pêcheurs qui, le sillonnant
en tous sens, ajoutaient encore au tableau déjà si animé
de la contrée. A côté des pêcheurs et de leurs barques, on
voyait à chaque heure de la journée les habitants des villes
voisines faire sur le lac des promenades et des voyages
d'agrément. Ses eaux étaient transparentes et douces à
boire. Enfin tout contribuait à faire de ses rives un séjour
délicieux. C'était celui de prédilection du Christ. Là il

choisit ses disciples parmi les pêcheurs ; là il fit ses plus grands miracles ; là il se retirait quand les persécutions l'éloignaient de Jérusalem et du reste de la Judée. Là aussi tous les cœurs étaient pour lui amour et dévouement.

De nos jours, ce lac a beaucoup perdu de sa beauté, ses bords ne sont plus cultivés, et les villes florissantes qui les couronnaient n'offrent plus que des ruines. Ses eaux n'ont pas cessé d'être poissonneuses ; mais les bras manquent pour la pêche. Cependant, au rapport de tous les voyageurs, il n'y a maintenant encore, dans toute la Palestine, aucune contrée qui lui soit comparable.

Le plus grand lac de la Judée, la mer Morte, n'a rien eu à perdre du temps. On l'a nommé mer Morte, parce qu'il ne contient ni poissons, ni autres espèces vivantes, et qu'il engloutit dans ses gouffres les eaux du Jourdain et d'autres rivières sans les rendre pour couler plus loin. Le commerce recherche le bitume qui surnage à sa surface et qui lui fait aussi donner le nom de *Lac asphaltite*. Plus anciennement on l'appelait *Lac salé*, à cause de la quantité de sel contenu dans ses eaux, et *Lac de la Plaine*, parce que son bassin avait autrefois formé la large vallée de Siddim. Il a onze myriamètres de long ; sa plus grande largeur est de deux myriamètres et demi. Il est partout entouré de côtes arides et nues qui présentent un aspect fort triste. Jamais poisson ou autre espèce vivante n'a été

erçue dans la mer Morte. Jamais barque n'a sillonné
ondes. Elle est peu citée dans le Nouveau-Testament;
is elle tient une assez grande place dans l'histoire de
ncien. C'est là qu'on trouve que son lit était d'abord
te vallée de Siddim dont les cinq villes, Sodome, Go-
orrhe, Adama, Zeboïm et Zoar furent consumées par
feu du ciel, et qu'à cette occasion la femme de Loth
changée en statue de sel. Ce dernier événement conservé
ns la mémoire des Arabes, leur a fait donner à la mer
rte le nom de *Lac de Loth*.

La Méditerranée, à l'occident de la Palestine, est dési-
ée dans la Bible par le nom de Grande-Mer. Les Juifs y
viguaient peu, parce que le nord des côtes était occupé
c les Phéniciens, et le sud par les Philistins. Ils n'y
aient dans l'origine que le port de Joppé, qui, sous Sa-
on, prit quelque importance commerciale. Plus tard,
rode-le-Grand en fit creuser un à grands frais à Césarée,
le qu'il avait bâtie sur les ruines de la tour de Straton.
lémaïs, aujourd'hui Rosette, était alors un mouillage
u fréquenté. En allant de Joppé vers l'Égypte, les côtes
ient et sont encore basses et sablonneuses, par consé-
ent, peu favorables au débarquement; de Joppé jusqu'à
r, elles ne sont pas plus abordables, parce qu'elles sont
s-hautes et hérissées de rochers qui se joignant au
nt-Carmel, s'étendent en nombreux rescifs bien avant
ns la mer.

La Judée n'était pas trop abondamment pourvue d'eau de source et de fontaine, et ce n'est que relativement aux déserts arides qui l'environnent que ce pays n'a pas été regardé comme tout à fait pauvre sous ce rapport. La plupart de ses sources se trouvaient dans les parties montagneuses; ses plaines n'en avaient presque point; et des canaux artificiels étaient le seul moyen d'irrigation. La capitale même, Jérusalem, ne possédait que trois sources; celle de Siloé à l'est de la ville, la fontaine des Serpents à l'ouest, et le puits royal à l'ouest de la montagne des Oliviers; aussi ne pouvaient-ils suffire aux besoins des habitants. Cette circonstance donna lieu à la construction d'un grand aqueduc destiné à fournir à la cité les eaux si fraîches et si douces de Bethléem. Cet aqueduc est encore praticable.

La source la plus remarquable dont il soit question dans l'Évangile, est le puits de Jacob, non loin de Sichem en Samarie, auprès duquel Jésus se reposait pendant la chaleur du jour, quand il traversait cette province. Ce puits était à quatre kilomètres de Sichem, dans un champ à droite de la route en venant de Jérusalem. Il était fort profond et ses eaux très-fraîches. Il devait son nom au patriarche Jacob qui l'avait creusé à son retour de la Mésopotamie. Du quatrième au neuvième siècle de l'ère chrétienne, il était surmonté d'une église dont il ne reste aujourd'hui aucune trace, et lui-même est comblé.

Pour suppléer à la pénurie des fontaines, les maisons de la Judée avaient toutes des citernes destinées à recueillir l'eau de pluie. Une source vive, fraîche, intarissable, paraissait une chose si rare et si précieuse, que dans l'Écriture et dans la bouche de Jésus-Christ, elle est toujours l'image d'une ineffable félicité. Le pays possédait quelques sources minérales. L'une d'elles versait ses eaux dans l'étang ou réservoir de Béthesda, près de la porte des *Brebis* à Jérusalem, et était environnée de cinq galeries où se lavaient les malades. Le réservoir de Béthesda, de quarante mètres de long, treize de large et trois de profondeur, existe encore ; mais il est à sec. Son nom de Béthesda ou Bethzaïda, qui signifie maison de miséricorde, était quelquefois changé en celui de *Piscina probatica*, c'est-à-dire, *Lavoir des troupeaux*, parce qu'on y trempait les animaux destinés aux sacrifices.

Une autre source thermale au sud de l'ancienne ville de Tibériade, sur les bords du lac de Galilée, près d'Emmaüs, est encore fréquentée de nos jours. On citait aussi celle de Callirohë, au nord-est de la mer Morte, et celle d'Amatha, près la ville de Gadara, à l'est du lac de Galilée.

5° *Climat, température, fertilité et fléaux.*

La Judée, par sa situation entre le 31ᵉ et le 33ᵉ degré de latitude, étant de deux degrés plus près de la zône torride que la Sicile, on peut conjecturer qu'elle doit jouir d'une douce température, si l'on en excepte quelques légères variations dans les intervalles des contrées du nord et du sud. Son ciel est presque toujours pur et serein. Cependant les nuits sont quelquefois très-froides dans les mois de fortes chaleurs. Le partage des saisons n'est pas le même que dans les contrées de l'Europe.

Les Juifs en avaient reconnu six :

1° La saison des semailles, depuis le 18 octobre jusqu'au milieu de décembre, choisie à cause des pluies dites précoces, venant après les grandes chaleurs qui avaient en partie desséché les sources et les rivières. Lorsque ces pluies manquaient, il ne se faisait presque pas de récolte.

2° La seconde saison, du milieu de décembre jusqu'au milieu de février, formait le véritable hiver de la Judée. La neige, qui tombait en petite quantité, disparaissait le lendemain dans les plaines, et la légère glace qui se formait sur les rivières fondait aux premiers rayons du soleil : on éprouvait pendant quarante jours, un froid qui ne peut être sensible que pour les habitants des pays chauds. Les routes devenaient boueuses et glissantes ; il faisait cependant presque chaud dans les plaines et dans les vallées. Il tonnait et il tombait de la grêle ; mais peu à peu s'émaillait la verdure des prairies, les arbres se couvraient de feuilles ; et à la fin, l'amandier et l'olivier étaient en fleurs ; la fonte des neiges alimentait de nouveau les rivières ; seulement un vent du nord, soufflant du Liban, rendait quelquefois le froid plus intense.

5° La troisième saison, du milieu de février jusqu'au milieu d'avril, quoique un peu rude au commencement, formait le printemps. La chaleur devenait plus forte dans les plaines ; il y avait plus d'orages mêlés de grêle qui finissaient cependant avec le mois d'avril. Les pluies dites tardives, venaient alors féconder la germinaison. Elles étaient avec les pluies précoces dont nous avons parlé plus haut, le signe certain d'une récolte abondante. Aussi la Sainte-Écriture voit-elle dans leur apparition un bienfait de la Providence ; et dans leur privation une marque du courroux céleste.

4° A la quatrième saison, du milieu d'avril au milieu de juin, commençait déjà la récolte des blés, qui se terminait de manière à pouvoir en célébrer la fête à la Pentecôte, c'est-à-dire, le 5 ou le 4 juin. Dès cette époque, la chaleur allait en augmentant dans les plaines, tandis que les montagnes et les bords de la mer jouissaient d'un magnifique printemps d'Europe. Les pluies et les orages avaient tout à fait cessé. De la fin de ce mois jusqu'à la fin de septembre, le ciel était constamment sans nuages. Il n'y avait que la rosée pour rafraîchir la terre.

5° La cinquième saison, du milieu de juin jusqu'au milieu d'août, se signalait par des chaleurs toujours croissantes qui mûrissaient les fruits ; mais qui commençaient aussi à dessécher les rivières et l'herbe des prairies.

Cette sécheresse augmentait considérablement pendant la sixième saison (du milieu d'août jusqu'au milieu d'octobre), que les Juifs nommaient à cause de cela *Chom*, c'est-à-dire chaleur, et qui terminait leur année économique. C'est alors que les lits des rivières étaient à sec. La moindre imprudence aurait pu mettre le feu aux forêts et aux broussailles. Cependant vers la fin de la saison, la chaleur diminuait; les nuits devenaient froides. Pendant le mois de septembre des pluies tempéraient l'atmosphère; le sol se couvrait derechef d'une riante verdure, et au milieu d'octobre recommençait l'année économique, telle que nous venons de la décrire. Le même ordre des saisons règne encore aujourd'hui en Palestine.

Quant *à la fertilité du pays*, elle était tout à fait conforme à la douceur du climat; tous les auteurs, avant et après Jésus-Christ, sont d'accord là-dessus. Cependant, il ne faudrait pas prendre à la lettre cette expression : *qu'il y coulait du miel et du lait;* le terrain demandait à être cultivé, et alors tout le pays ressemblait à un jardin délicieux. Malgré les suites funestes qu'eut pour lui la destruction de Jérusalem, et quoique ravagé tour à tour par les Romains, les Sarrasins, les Croisées, les Turcs et les Mongoles, là où une ombrageuse tyrannie permet quelque culture, le sol laisse voir des traces de son ancienne fertilité. Outre les témoignages des Saintes-Écritures, des médailles frappées peu de temps avant Jésus-Christ, décorées de grappes et d'épis en signe d'abondance, attestent encore cette fertilité. Pour nous en convaincre, nous allons jeter un coup d'œil rapide sur la culture des blés, des vignes et sur l'éducation des bestiaux.

Déjà Moïse avait fait de la culture des terres un point sacramentel, pour éloigner son peuple de la vie sauvage des nomades, pour adoucir ses mœurs, l'habituer à des demeures fixes, et lui inspirer le goût des arts utiles. D'après ces dispositions, il ne voulut pas qu'on considérât la Palestine comme une terre à pâturages, ouverte à tout venant, ainsi qu'au temps d'Abraham. Le sol fut morcelé en portions afférentes comme propriété à chaque famille, de manière qu'elle pût vivre du produit de son labeur; et bientôt les Israélites, de nomades devenus agriculteurs, formèrent des hameaux, des bourgs et enfin des villes. Les plus riches et les plus notables se faisaient honneur de mettre la main à la charrue et de récolter leur blé. Saül même cultivait encore la terre comme roi, et Élisée fut amené de son champ pour être salué prophète. Après la captivité de Babylone, beaucoup de Juifs se livrèrent à l'industrie et au commerce pour s'enrichir plus vite; mais l'agriculture resta toujours comme la base principale sur laquelle reposait le bien-être général de la nation; d'ailleurs, elle y était invitée par le peu de peine que réclamait le sol, surtout lorsque les deux pluies dont nous avons parlé plus haut venaient à point. Au mois de février les blés étaient déjà aussi hauts que chez nous au mois de mai. Ils étaient mûrs en avril, et quelques semaines plus tard dans les contrées montagneuses. Les champs étaient surveillés un peu avant la récolte pour empêcher les oiseaux et les bêtes de les endommager, pendant que tous les passants pouvaient prendre seulement avec la main autant d'épis qu'ils voulaient. L'ouverture de la moisson se faisait solennellement au Temple le lendemain de la Pâque, par l'offrande des premiers épis; en sorte qu'il ne se passait que quatre à cinq mois depuis les semailles jusqu'à la moisson. On commençait par l'orge, puis venait le froment et successivement le millet et l'épautre. Tout était fini à la Pentecôte où on célébrait la clôture de la moisson. La récolte des fruits, des raisins et des olives, durait de la Pentecôte jusqu'en septembre. Les arbres fruitiers, comme le pommier, le poirier, le cerisier, étaient cultivés avec soin; l'olivier surtout y était d'un grand rapport. On y voyait autrefois et en grand nombre des figuiers, des dattiers, et des baumiers. Les palmiers formaient, près de Jéricho, une forêt entière. Le grand nombre de côtes et de montagnes offrant des avantages pour la culture de la vigne, on s'y adonnait beaucoup. C'est ce qui explique les fréquentes images, allusions et allégories, qui se trouvent dans les prophètes et dans la bouche de Jésus-Christ, en parlant de cette production comme de quelque chose de précieux.

La fertilité du sol et son exploitation ne faisaient cependant pas perdre de vue l'éducation des bestiaux. Il restait encore assez d'espace à employer à des pâturages, et on entretenait de grands troupeaux de moutons dont la chair était délicieuse, parce qu'ils paissaient librement toute l'année sur la crête des montagnes. On se servait des bêtes à cornes tant pour porter les fardeaux que pour l'attelage. Les ânes étaient très-forts et très-agiles; leur allure était sûre, et on les préférait aux chevaux parce qu'ils convenaient mieux aux pays montagneux. Les Juifs prenaient grand soin des chameaux qui leur venaient de leurs voisins les Arabes. Les chiens étaient fort méprisés, et ils erraient par les rues sans maîtres, et cherchant leur nourriture. Les porcs étaient en horreur dans la Judée, et on n'en trouvait que dans les dix villes habitées par des Païens. Enfin, il y avait abondance de gibier, de poissons et d'abeilles.

Quelque fertile que fût ce pays, il ne laissait cependant pas, vu sa situation même, d'être souvent incommodé de certains fléaux, parmi lesquels on doit compter les tremblements de terre, dont l'Ecriture parle quelquefois. Il y en eut un dans la septième année du règne d'Hérodes. Le vent d'est brûlant, qui venait de l'Arabie déserte; où il est connu sous le nom de Samum, et où il fait périr les hommes et les bêtes, était très-nuisible à la Palestine. Il desséchait la verdure des plus belles contrées, laissant toutes les effroyables traces d'un ouragan dévastateur.

En temps d'hiver, les orages, les tempêtes mêlées de grêle, des ondées et des trombes qui s'élevaient de la Méditerranée, et qui prenaient leur direction vers le Mont-Carmel, n'étaient pas moins terribles. Ce même vent d'est amenait souvent des nuées de sauterelles qui occupaient un espace de plusieurs myriamètres, obscurcissant l'air, le battant avec un bruit épouvantable, dévorant toute la verdure, jusqu'à ce que le vent les rejetât dans la mer. Cette sorte de sauterelles, longue de cinq à huit centimètres, avait la grosseur d'un doigt. L'Écriture en fait l'image de la destruction; les pauvres les séchaient pour les manger. Le défaut de pluie occasionnait quelquefois la famine. Enfin le pays, quoique salubre, était de temps à autre désolé par la peste apportée de l'Égypte, et par la dégoûtante lèpre qui souvent était mortelle.

6° Villages, bourgs, villes et maisons.

Dans les siècles reculés, les Juifs, à l'instar des nations naissantes, avaient donné le nom de villages et même de villes à l'agglomération de quelques huttes en terre : leur civilisation, au temps de Jésus-Christ, était assez avancée, pour que leurs bourgs et leurs cités ne le cédassent ni en étendue, ni en beauté aux séjours des autres peuples policés. La Palestine était, à cette époque, dans un état florissant, et il ne faut pas taxer d'exagération cette assertion de l'historien Josèphe : que la seule province de Galilée

comptait dans son temps, deux cent quatre bourgs et villes.
Les belles plaines de Saron, de Jesraël et les environs du
Jourdain, étaient exploités par de laborieux cultivateurs.
Dans d'autres localités, une population animée par l'aisance se livrait aux diverses branches du commerce.
Jérusalem et Césarée, près de la Méditerranée, étaient
alors deux cités florissantes et magnifiques. Hérodes Ier,
qui aimait le luxe, dépensait, à l'instar des Romains, des
sommes énormes pour orner de palais et autres monuments publics les principales villes de son royaume. La
population de Jérusalem se montait, alors, à cent cinquante mille âmes, et pour se faire une idée des habitations spacieuses et de l'immense circuit de cette capitale,
il suffit de remarquer qu'au moment des grandes fêtes, il y
avait de quoi loger plus d'un million d'étrangers dans le
rayon de la ville.

Les villages et les bourgades avaient à peu près le même
aspect rustique que les nôtres; mais les villes se distin-
guaient par la singularité de rues très-étroites. Ce rappro-
chement des maisons des deux côtés de la rue était destiné
à procurer l'ombrage si recherché sous ce climat; d'ailleurs cette manière de bâtir subsiste toujours en Orient.
Les rues n'étaient pas pavées, et, selon la saison, il y
avait beaucoup de poussière ou beaucoup de boue. Elles
ne le furent que du temps d'Hérode-Agrippa II. Les places
de marchés des principales villes étaient toujours situées

près des portes, pour faciliter le transport des marchandises et l'affluence des acheteurs. Ces villes étaient toutes entourées de formidables murailles; c'est ce qui les transformait en forteresses. Le mur d'enceinte de Jérusalem était si haut et si large, qu'il étonna Titus lors du mémorable et dernier siége de cette malheureuse cité. Ce mur, couronné de vastes parapets, était flanqué de cent soixante-quatre tours. Les portes étaient recouvertes d'épaisses plaques d'airain.

Il nous reste à dire quelque chose de la manière dont on bâtissait les maisons. Elles se construisaient ou en briques ou en pierres tirées des nombreuses carrières du pays. Les palais et autres bâtiments fastueux étaient revêtus de marbre. On ne se servait du bois que pour les lambris et pour les portes. Le ciment était ou de terre glaise ou d'asphalte extrait de la mer Morte. La forme des maisons, élevées ordinairement de trois à quatre étages, était un grand carré au milieu duquel se trouvait une cour défendue des rayons du soleil au moyen de tentes. Cette cour, entourée de galeries où l'on recevait d'abord les convives, servait de lieu de réunion et de conversation. On y trouvait parfois des fontaines et des bassins. La toiture des maisons était une plate-forme encadrée de balustrades, telle qu'on en voit encore en Italie et en Orient. Ces plates-formes servaient de promenade. Souvent, par leur moyen, et lorsqu'elles se touchaient, deux familles se trouvaient en communication immédiate, en sorte qu'elles se visitaient sans avoir besoin de passer par la rue. Les femmes occupaient le corps de logis du fond, séparé du reste de l'habitation par une partie de la cour, ou par une grille. A l'exception de quelques beaux tapis, le mobilier n'offrait rien de riche ni de remarquable. Le pourtour des chambres était garni de canapés fort bas où l'on couchait. Le pauvre n'avait qu'un matelas, un traversin, une table et une lampe. Dans la saison rigoureuse, on se servait de pots de terre remplis de charbons, qui formaient des cheminées portatives. Les fenêtres à carreaux de verre n'y étaient point en usage, quoiqu'ils fussent, dit-on, connus des Phéniciens; ils étaient remplacés par des jalousies en bois. Les serrures et même les clefs des portes étaient aussi en bois. Seulement les portes des villes fortes et celles qui renfermaient des trésors avaient des clefs et des serrures de fer.

7° Division et constitution de la Judée au temps de Jésus-Christ.

En suite de la captivité de Babylone, l'ancienne division de la Palestine en douze districts, et celle même qui partageait le pays en royaumes de Juda et d'Israël, fut entièrement abolie et effacée. A partir de cette époque, on ne reconnut plus que trois provinces principales : la Judée, la Galilée et la Samarie. La Judée comprenait l'ancien territoire de

Juda, de Benjamin, de Dan ; de Siméon et de la moitié de la tribu d'Éphraïm. Les habitants furent regardés comme les véritables croyants, purs de tout mélange, en un mot comme l'élite de la nation israélite. La Samarie, au centre, contenait l'autre moitié de la tribu d'Éphraïm et de celle de Manassé. Elle était ainsi appelée de Samarie, sa capitale, qui, elle-même, avait pris son nom du mont Samer. Dans cette province, vivaient les Israélites qui, n'ayant pas suivi leurs frères dans la captivité de Babylone, s'étaient d'abord mêlés aux colonies païennes, dont ils étaient entourés. Mais ils s'en séparèrent ensuite insensiblement pour former un peuple à part, et revenir aux croyances de leurs pères. Toutefois, ils eurent, jusqu'au temps de Jean Hircan, un temple sur le mont Garizim, et n'adoptaient plus, comme tradition divine, que les cinq livres de Moïse.

La Galilée, située au nord, se composait de l'ancien territoire des tribus d'Isachar, Zabulon, Nephtali et Aser. La partie orientale de la Palestine, entre le Jourdain et l'Arabie déserte, était désignée sous le nom général de *Pérée*, c'est-à-dire, pays d'au delà du Jourdain, anciennement le pays de Giléad. Nous en ferons plus tard une description spéciale.

Moïse avait voulu fonder un État théocratique. La plus haute dignité ne se transmettait pas par héritage. Jéhova était le Dieu de la nation et son législateur invisible. Le grand-prêtre était son représentant, il faisait connaître la volonté de ce Dieu, maître suprême. C'était le premier magistrat en matières civiles et religieuses, tous les pouvoirs étaient concentrés entre ses mains. Les prêtres et les lévites lui étaient adjoints comme ministres et servants. Les premiers, parmi lesquels se choisissait le grand-prêtre, étaient les descendants de la tribu de Lévi, de laquelle Moïse était issu. Cette tribu n'avait pas été admise au partage des terres entre les autres. On lui avait assigné quarante-huit villes situées dans les différentes contrées des douze tribus, et elle prélevait la dîme des productions du pays. La hiérarchie sacerdotale proprement dite, était concentrée dans la famille d'Aaron, à laquelle était commis le soin du culte dans ses actes et ses cérémonies. Les autres familles de cette tribu, Geroan, Kahalh et Merari, étaient des lévites ou servants chargés en subalternes du service divin. Lorsque plus tard la Judée fut gouvernée par des rois, le grand-prêtre était toujours, à côté du monarque, la personne la plus importante du royaume, et aucun prince n'osa s'approprier cette dignité ni l'abolir. Même après la captivité de Babylone, les gouverneurs étrangers rétablirent le régime des grands-prêtres, qui dura jusqu'au temps de Jésus-Christ. A cette époque on créa le grand Sanhédrin (ou grand conseil), qui avait son siége à Jérusalem ; il se composait de soixante-douze membres, à la tête desquels se trouvait toujours le grand-prêtre comme président. Il avait une grande autorité, et les affaires de

la religion étaient de son ressort. Ce corps était formé des
hommes les plus savants, les plus sages et les plus probes,
en un mot, de l'élite de la nation. Ces juges s'assemblaient
dans une salle de forme sphérique, enclavée par moitié
dans le temple. Sous le règne d'Hérode Ier et sous les Romains, le Sanhédrin perdit beaucoup de sa puissance, ce
qui causa, par la suite, de grands changements dans l'ancienne législation; car Hérode sut, peu après, enlever le
pouvoir civil au Sanhédrin, ne lui laissant que la connaissance des affaires religieuses, qu'il parvint encore à
soumettre à l'arbitrage du gouvernement, à force de mesures vexatoires contre le grand-prêtre et les membres les
plus influents de l'assemblée. Après la mort d'Hérode Ier, la
Judée et la Samarie furent érigées en provinces romaines,
avec un gouverneur romain. La Galilée et la Pérée furent
placées sous la juridiction d'Hérodes-Antipas, et le reste
du pays du Jourdain à l'est, sous celle de Philippe. Les
Tétrarques de ces divers districts décidèrent dès lors de
toutes les affaires civiles d'après leur bon plaisir, prélevant
les revenus par leurs agents, statuant de la paix ou de la
guerre selon leur volonté, et dépouillant le Sanhédrin de
Jérusalem de tout son pouvoir. La marche de la justice
était prompte et sans grandes formalités. On décidait sur-
le-champ, après avoir entendu les témoins et résumé
les faits, puis le jugement était exécuté sans retard. Les
peines consistaient en emprisonnement, en amendes d'ar-

gent, en restitutions et peines de vie ou de corps. La hart, la bastonnade, la lapidation étaient administrées par les témoins mêmes ou par le peuple, ou par les plus proches parents de la partie lésée, ou, selon l'usage des Romains, par les soldats du gouverneur, qui se partageaient les dépouilles du condamné.

Le système religieux était resté à peu près le même depuis Moïse jusqu'à Jésus-Christ. La croyance en un seul Dieu, créateur du ciel et de la terre, et duquel les Juifs étaient le peuple de prédilection, en faisait la base fondamentale. Le culte extérieur consistait dans l'observance d'une infinité de cérémonies, comme sacrifices, purifications du corps, prières, vœux et abstinences. Ces observances étaient dirigées et surveillées par les prêtres et par les lévites, médiateurs entre Jéhova et le peuple. Les sacrifices ne devaient se faire qu'en un seul endroit, à Jérusalem. C'était là exclusivement le véritable siège du service divin des Israélites, qui étaient tenus de s'y présenter aux trois principales fêtes, de la Pâque, de la Pentecôte et des Tabernacles. La première désignait le départ de l'Égypte; la seconde la fête des prémices ou *des semaines;* dans la troisième, qui se célébrait après la moisson, on passait sept jours sous des tentes de verdure, en mémoire du campement que les Pères avaient fait dans le désert. On offrait au Seigneur des présents et des sacrifices d'actions de grâces pour la moisson. Outre ces trois principales fêtes et le sabbat (le septième jour de la semaine où tout travail était défendu), on solennisait encore le jour de la nouvelle lune, le premier jour de l'an, le grand jour des pardons, et après la captivité de Babylone, la fête du *purim* et celle de l'inauguration du temple. Il faut dire qu'aucune instruction religieuse n'était faite aux fidèles pendant ces solennités. Ce n'était, d'après la prescription de Moïse, que tous les sept ans (à la fête des tabernacles) que les lévites donnaient au peuple assemblé lecture de la loi, dont la connaissance plus approfondie était réservée aux prêtres seuls. Même les écoles des prophètes, introduites du temps de Samuel, ne s'occupaient pas de l'instruction du peuple. Ces écoles n'étaient destinées qu'à former un petit nombre d'hommes d'état dont les savants travaux avaient pour objet la conservation des lois civiles et religieuses du pays, et d'électriser les âmes par des discours moraux et des chants sacrés; leur voix indépendante devait maintenir le roi dans les sentiers de la justice.

Cependant, après la captivité de Babylone, sur les instances d'Esdras et de Néhémie, on établit dans tout le pays des *synagogues* (ou maisons de prières), dans lesquelles on remédiait, par toutes sortes de pratiques, à l'instruction religieuse qui manquait au peuple. Outre le jour du sabbat, on s'y réunissait le deuxième et le troisième jour de la semaine pour assister à la lecture et à l'explication des livres sacrés. Chaque synagogue avait un supérieur chargé de veiller à l'ordre prescrit, et de choisir les sujets les plus aptes à la lecture des livres saints. On lui adjoignait sept notables et ils formaient avec lui une espèce de tribunal qui avait le mandat de prononcer sur les questions religieuses, de punir par l'expulsion ou la fustigation tout délit d'impiété. A la plupart de ces synagogues étaient annexées une ou plusieurs écoles élémentaires de catéchumènes : on prétend qu'on n'en comptait pas moins de quatre cent quatre-vingts à Jérusalem.

De ces écoles se formèrent plus tard les synodes chrétiens. La haute main sur les affaires de religion appartenait encore, du temps de Jésus-Christ, au grand Sanhédrin de Jérusalem ; cette juridiction ne fut entravée ni par les Romains, ni par les autres chefs du pays. Le grand Sanhédrin pouvait appeler à son tribunal et juger quiconque se serait rendu coupable d'actes d'impiété ou d'irrévérence. Il pouvait prononcer la peine de mort (peut-être seulement avec l'approbation du tribunal civil) : ce que nous voyons au jugement de Jésus-Christ, où l'on s'adressa à Pilate. La mort de saint Étienne ne prouve rien : sa lapidation ne fut causée que par une émeute du peuple, de même que l'exécution de saint Jacques ne fut commandée que par un caprice sanguinaire d'Hérodes-Agrippa. Outre la dime de toutes les productions du pays appliquée avec le taux que les lois fixaient pour les sacrifices à l'entretien du personnel des prêtres et des lévites,

chaque Israélite, même résidant à l'étranger, était obligé
de payer au temple chaque année la capitation (montant
à peu près à un franc quinze centimes par tête), qui devait
être toujours soldée en monnaie du pays : de là ce grand
nombre de changeurs établis dans le voisinage du temple
à l'époque de Pâques, pour la conversion des pièces étrangères. Cette capitation payable par les Juifs de l'intérieur
et de l'extérieur, rapportait des sommes énormes, et il
n'est pas étonnant de voir les généraux romains Pompée
et Crassus, et plus tard Titus, enlever du temple d'immenses trésors. Après la destruction du temple, Vespasien
continua d'imposer cette capitation à tous les Juifs de son
empire au profit du Capitole de Rome.

Quant à l'instruction en Judée, nous avons déjà dit
que, depuis Moïse, elle était concentrée entre les prêtres,
et ainsi la tribu de Lévi formait à elle seule tout le corps
savant de la nation. La lecture, l'écriture, l'explication
des lois écrites, telle était la base des études des théolo-
giens. Ils s'adonnaient aussi à la médecine, et l'exerçaient
dans toutes les parties du royaume. Aussi voyons-nous
Jésus-Christ adresser un lépreux aux prêtres, bien que de
son temps d'autres que ceux-ci pratiquaient l'art de guérir.
L'établissement des écoles des prophètes sécularisa cependant peu à peu les sciences, surtout celle de la médecine,
parce que ceux d'entre les étudiants qui ne purent être
admis ensuite au rang et aux prérogatives des prophètes,

ne se firent pas scrupule de communiquer leurs connaissances aux laïcs.

D'autres écoles savantes se formèrent pour l'interprétation des livres sacrés, écrits dans la langue primitive qui s'était peu à peu perdue après la captivité de Babylone. Elles donnèrent naissance aux deux sectes fameuses des Pharisiens et des Saducéens.

Les Pharisiens (saints séparés) se tenaient éloignés des autres hommes, qu'ils traitaient de profanes. Ils admettaient l'existence des démons et la résurrection des corps. Ils débitaient toutes sortes de rêveries sur les Écritures ; ils s'attachaient à la lettre de la loi sans en étudier l'esprit ; ils observaient le sabbat avec une rigidité sans exemple. Dissimulant avec une profonde hypocrisie la dépravation de leurs mœurs, ils se rendaient, par l'apparente régularité de leur conduite, l'objet de la vénération publique. Les Saducéens, ainsi nommés du prêtre Sadoc leur fondateur, étaient tout le contraire des Pharisiens ; ils restreignaient la foi de leurs aïeux dans ses primitives limites, n'admettaient comme sacrés que les cinq livres de Moïse, rejetaient toutes les traditions, voulaient une vertu toute désintéressée, niaient le dogme de la résurrection, l'existence des anges et des esprits supérieurs, menaient une vie dissipée et se rangeaient toujours du côté du pouvoir. Une troisième secte, dont le Nouveau Testament ne parle point, était celle des Esséniens. Ils vivaient dans une union très-

étroite. La simplicité de leurs mœurs et leur régime dié-
tétique leur donnaient un tempérament robuste. Ils li-
saient et méditaient constamment les saintes Écritures, et
jeûnaient beaucoup pour amortir leurs passions. Leurs demeures étaient dans les villes et les villages près de la mer
Morte.

Du temps de Jésus-Christ, les savants appartenaient toujours à une de ces sectes, et le grand Sanhédrin était tout
composé de Pharisiens et de Saducéens. Cependant il était loi-
sible à celui qui avait fait ses études dans les écoles du pays,
de se ranger dans la classe des savants, d'établir une école,
de prendre le titre de rabbin et de donner l'instruction;
mais pas avant d'avoir atteint l'âge de trente ans. L'état
de maître n'était pas un privilége, et encore moins une
fonction salariée par l'État. De là vient que les membres
de cette profession, pour subvenir à leurs besoins, en
embrassaient encore une, sans perdre quelque chose de leur
dignité; beaucoup de savants étaient en même temps mé-
decins; un rabbin ne pouvait se passer d'exercer cet art.

L'idiome national était depuis les temps les plus reculés
la langue hébraïque que les descendants d'Abraham avaient
apprise des Chananéens, habitants primitifs de la Judée. La
plus belle époque pour cette langue, telle que nous la trouvons encore dans l'Ancien Testament, dura depuis David
jusqu'à la captivité de Babylone, et il est probable que la
plupart des livres saints furent écrits pendant cette période.

Par suite de la captivité de Babylone, l'ancienne langue hébraïque tomba en désuétude et fut remplacée par l'idiome des Araméens. Ce dialecte devint bientôt la langue populaire, tandis que l'hébreu, dans sa pureté, ne se trouvait plus que dans les livres saints. A l'époque de Jésus-Christ il avait disparu de tous les écrits, les Juifs ne faisant plus usage que du dialecte araméen. Les classes bien élevées de la nation parlaient cet idiome comme on l'écrivait, et le langage le plus correct se trouvait à Jérusalem et dans la Judée proprement dite; mais dans la Samarie, et dans la Galilée, l'accent était guttural et les expressions peu choisies; aussi reconnaissait-on de suite un Galiléen à son langage, et jamais aucun d'eux ne fut choisi pour lecteur dans les synagogues. Les Juifs de l'extérieur, surtout ceux de l'Égypte, adoptèrent le grec pour leur langue mère; le grec s'était également répandu dans la Galilée. On ne peut soutenir positivement que Jésus-Christ parlât le grec, quoiqu'il dût avoir de fréquentes relations avec les habitants de la Galilée et de la Pérée, mais il est hors de doute que ses disciples connaissaient cette langue. Le latin n'était d'usage en Palestine que parmi les Romains et la garnison, probablement aussi chez quelques Juifs. Nous remarquerons que Ponce-Pilate fit afficher sur la croix la cause de la condamnation de Jésus-Christ en hébreu, en grec et en latin. Si les Juifs instruits ne s'occupèrent que peu des langues étrangères, c'est qu'ils prétendaient que la leur était le dé-

pôt des trésors de la sagesse divine et de toutes les connaissances humaines.

*Description spéciale de la Judée au temps de Jésus-
Christ.*

Il a déjà été dit qu'au temps de Jésus-Christ la Palestine entière était divisée en quatre provinces principales : *la Judée,
la Samarie, la Galilée et la Pérée,* cette dernière située
au delà du Jourdain. Nous suivrons donc le cours de ce fleuve
du nord au sud pour nous occuper en particulier des trois
premières provinces, théâtre de l'histoire évangélique.

1° De la Galilée.

On peut regarder la Galilée comme la véritable patrie
de Jésus-Christ, tant il aimait à y résider. Elle était bornée à
l'occident par la Méditerranée, à l'orient par la mer de
Tibériade, au nord par la Phénicie et au midi par la Samarie. Cette province, plus grande que la Samarie et plus
petite que la Judée, avait de neuf à dix myriamètres de longueur sur six à sept de largeur. Elle se divisait en deux parties : la haute Galilée, qu'on appelait encore Galilée des
Gentils, à cause du mélange de Payens et de Juifs qui la
peuplaient, et la basse Galilée, uniquement habitée par
des Juifs. Cette différence était marquée par la nature du
terrain. La haute Galilée était élevée et montagneuse, la
basse Galilée, au contraire, était située en plaine. Il résul-
tait de cette variété du sol, que c'était la contrée la plus

fertile de la Palestine. L'historien Josèphe la dépeint comme un véritable paradis.

La Galilée, vu sa fertilité, était couverte de villages, de bourgs et de villes, particulièrement les plaines de Jesraël, près du Jourdain, et les environs du lac de Génésareth, et lors même qu'on taxerait d'exagération ce même historien Josèphe, qui portait à deux cent quatre le chiffre des villes et bourgades de la Galilée, il n'en serait pas moins vrai que la population y était proportionnellement plus considérable que dans la Judée et la Samarie. Cette grande population donnait une forte activité au commerce, aux sciences, et à toutes les branches de l'industrie. Ce qui ajoutait encore aux avantages propres à cette contrée, c'était le voisinage des Phéniciens, près des côtes de la mer, qui faisaient passer par la Galilée toutes les marchandises qu'ils transportaient au delà du Jourdain.

Le retour de la captivité d'Assyrie eut d'heureux résultats pour le caractère et la manière d'être des Galiléens. Au temps de Jésus-Christ ils formaient la partie libérale et éclairée de la nation Juive, joignant un caractère hardi et entreprenant à une bonté toute naturelle. La fécondité du sol et le mouvement du commerce exerçaient une bienfaisante influence sur toutes les classes des habitants ; malheureusement ils empruntèrent de leurs voisins et des étrangers qui demeuraient chez eux, des habitudes qui, dégénérant en mœurs dissolues, leur firent contracter certaines maladres et infirmités pour lesquelles nous les voyons, dans l'Évangile, recourir à Jésus-Christ. Leur esprit d'indépendance les poussa de temps à autre à se révolter contre les Romains, qui les regardaient comme une population inquiète, remuante et guerrière. Nous citerons Judas de Gamala ou le Galiléen, qui s'opposa au dénombrement ordonné par Cyrinus dans toute la Judée et y excita un très-grand soulèvement. Il prétendait que les Juifs, étant libres, ne devaient reconnaître aucune autre domination que celle de Dieu, et ses sectateurs aimèrent mieux souffrir toutes sortes de supplices que de donner le nom de maître ou de seigneur à quelque homme que ce fût. Il est vrai qu'au temps de Jésus-Christ, on affichait un tel mépris pour les Galiléens que leur nom était une insulte, et qu'on soutenait publiquement que jamais prophète ne viendrait de cette province. Mais cette haine peut s'expliquer par l'animosité qui régnait entre les habitants de la Judée et le pays d'Israël, qui s'en était séparé sous Jéroboam et dont la Galilée faisait la plus grande partie. Ils ne pouvaient également pas oublier le mélange des Galiléens avec les Gentils, ni leurs principes éclairés en matière de religion, tandis qu'eux se tenaient strictement à la lettre de la loi; puis ils étaient fiers d'être en possession de Jérusalem, de ses trésors sacrés, de ses richesses artistiques.

Jésus-Christ choisissait ses plus intimes disciples parmi les Galiléens de préférence aux autres Juifs, qui étaient tous remplis d'orgueil, de préjugés étroits, et soumis en esclaves au despotisme phariséen. Il trouvait, au contraire, dans les Galiléens, pour la continuation de son œuvre, un esprit large, un caractère entreprenant, et une naturelle aptitude aux grandes choses. Il montra encore sa prédilection pour son pays natal en ne le quittant qu'aux grandes fêtes, et en ne restant que peu de temps dans la Judée; il avait fixé sa résidence à Capharnaüm.

De son temps, la Galilée était sous le gouvernement du Tétrarque Hérode-Antipas (qu'il ne faut pas confondre avec Hérodes I, son père). Ce Tétrarque est dépeint dans l'histoire de l'Évangile comme un homme craintif, faible, libertin et rusé, mais ne devenant cruel que l'orsqu'on l'y poussait; de sorte que Jésus-Christ, qui avait moins à redouter de ses ennemis en Galilée qu'en Judée, ne la quittait que quand il était persécuté par les Pharisiens, qui se servaient de l'autorité d'Hérode pour poursuivre leur proie. L'histoire reproche à ce gouverneur le commerce adultère qu'il entretenait avec Hérodias, jadis femme de son frère, Hérode Philippe, et l'atroce exécution de saint Jean-Baptiste à laquelle il fut poussé par sa femme, qui avait autant de cruauté que d'orgueil. Dans le précis de la passion de Jésus-Christ, il figure avec le caractère qui lui est propre. Comme Juif, il était venu à Jérusalem prendre part à la solennité de la Pâque. Pilate, qui avait eu avec lui des contestations au sujet de différentes

affaires judiciaires, voulut profiter de l'occasion de se rap-
procher du Tétrarque en se tirant lui-même d'un mau-
vais pas. Il lui livra donc Jésus-Christ, comme sujet galiléen
condamné par le Sanhédrin, pour pouvoir aussi lui im-
puter sa mort. Mais le Tétrarque n'entama la procédure
contre Jésus que pour la forme, et lorsque celui-ci ne dai-
gna pas lui répondre, il le renvoya par-devant Pilate, et dé-
chargea par là sa responsabilité de cette mort. Cette même
Hérodias, sa femme, qui l'entraîna à tant de mauvaises
actions, finit par le perdre. Sa fierté ne pouvait supporter
que son frère Hérode-Agrippa, qu'elle avait soutenu de
ses charités, fût choisi par l'empereur Caligula pour
Tétrarque du pays à l'est du Jourdain, avec le titre de
roi. Elle força son mari de se rendre à Rome pour y
solliciter le même titre. Mais là, sur les accusations qu'a-
vait déjà portées contre lui Hérode-Agrippa, il fut non-
seulement dépouillé de ses dignités, mais encore exilé à
Lyon avec sa femme, et son gouvernement fut donné à ce
même Hérode-Agrippa.

Parmi les villes et les bourgs de la Galilée, il y en a plusieurs qui jouent quelque rôle dans l'histoire de l'Évangile,
et d'abord ceux de l'intérieur de cette province.

Cana, petite ville, où le fils de Dieu fit son premier miracle, en changeant l'eau en vin à des noces auxquelles il avait
été invité. Depuis, passant en cette ville, il y guérit le fils
d'un prince ou d'un officier qui y commandait. C'est la pa-

trie de l'apôtre Simon. Cet endroit est situé à quatre kilomètres de Nazareth. Ce Cana, qu'il ne faut pas confondre
avec un bourg du même nom relevant de la tribu d'Aser,
n'est plus qu'un village habité par des Mahométans, qui
ont changé en mosquée l'église que sainte Hélène y avait
fait bâtir.

Césarée est célèbre pour avoir été, avant et après Jésus-
Christ, la capitale de toute la Galilée ; elle était très-belle et
fortifiée par l'art et la nature. Une tradition chrétienne prétend que les parents de la vierge Marie y ont demeuré.
Hérode-Antipas dépensa des sommes considérables à la rebâtir presqu'en entier, et changea son vieux nom de Pa-
néade en celui de Diocésarée, par flatterie pour l'empereur
Tibère ; mais c'est principalement sous Hérode-Antipas
qu'elle acquit toute sa célébrité. L'Écriture sainte fait mention d'une autre Césarée située sur les côtes de la Méditerranée, et ainsi appelée en l'honneur de l'empereur Auguste
par Hérode-le-Grand.

Nazareth, petite ville de la Galilée, près du torrent de
Cison et non loin du mont Thabor, est fameuse par le
séjour que Jésus-Christ y fit jusqu'à l'âge de trente ans. La
situation en était superbe, ses bâtiments couronnaient de
charmantes collines, et leur vue portait sur la plaine de
Jesraël et sur le mont Thabor. On se rappelle ici ce qui
est dit dans saint Luc : que les Nazaréens voulaient précipiter Jésus-Christ d'une colline près de la ville, parce qu'ils

se prétendaient scandalisés d'un discours qu'il avait prononcé dans la synagogue. Nazareth, qui était peu considérable avant Jésus-Christ, rentra dans l'obscurité après sa mort. Une bourgade du nom de Nasrat, bâtie au pied de la colline sur le sommet de laquelle s'élevait l'ancien Nazareth, conserve la mémoire de ce lieu, et les cent cinquante familles qui l'habitent maintenant sont en partie des Arabes et des chrétiens romains et grecs; ces derniers y ont une église, et les Carmélites un couvent.

Naïm est une petite ville à six kilomètres de Nazareth, et près du mont Thabor. Naïm veut dire l'*agréable*, et c'était en effet une très-jolie petite ville ornée de beaux bâtiments. L'Évangile parle d'un miracle que Jésus-Christ y opéra en ressuscitant un mort, fils et soutien d'une pauvre veuve. A quelques maisons près, qui servent de retraite aux Arabes, cette ville est aujourd'hui entièrement ruinée.

Il existait encore, dans les environs du lac de Génésareth plusieurs villes charmantes dont l'Évangile fait souvent mention et où Jésus-Christ aimait à s'arrêter.

Capharnaüm, petite ville florissante et bien peuplée, est appellée dans l'Évangile *ville de Jésus-Christ*, puisqu'il en a fait sa résidence pendant les trois années de sa prédication. C'est dans la maison de l'apôtre saint Pierre qu'il avait sa demeure habituelle; il y opéra plusieurs miracles, en chassant le démon du corps d'un possédé et en guérissant un grand nombre de malades, tels que le paralytique,

le serviteur du centenier, etc. Les Capharnaïtes lui témoi-
gnèrent cependant si peu de reconnaissance, qu'il les mau-
dit ainsi que leur ville. Capharnaüm fut effectivement
réduite en cendres par Soliman, empereur des Turcs, et
il n'en reste aujourd'hui que quelques masures qui servent d'abri aux pèlerins. Capharnaüm signifiait ville de
joie ou de distraction.

Bethsaïda, lieu natal des apôtres Pierre et André, Jean,
Jacques et Philippe, n'était qu'une bourgade habitée par
des pêcheurs. Cet endroit doit être distingué d'une autre
Bethsaïda, située près du lac de Génésareth.

Tibériade, ville de la Galilée, célèbre au temps de Jésus-
Christ, était située sur le bord du lac de Génésareth qui en
prit le nom. Elle fut bâtie en l'honneur de Tibère, par Hérode-Agrippa, et sa position avantageuse la rendant bientôt
considérable, elle devint la métropole de toute la Galilée.
Hérode y avait un magnifique palais orné de diverses
figures d'animaux; ce qui scandalisait beaucoup les Juifs
orthodoxes, qui, en outre, regardaient cette ville comme
impure, parce que, dans sa reconstruction, on avait violé
les anciens tombeaux. Le fondateur se vit alors forcé de la
peupler au moyen d'étrangers, de Païens et de Juifs indi-
gents, auxquels il accordait gratuitement des maisons,
des terres et des priviléges. Elle possédait des bains
d'eaux chaudes, qui y attiraient un grand concours de
malades, et son lac était toujours couvert de barques

4.

de pêcheurs. Après la destruction de Jérusalem, quelques Juifs savants s'y étant retirés, y jetèrent les fondements d'une académie qui devint célèbre par la réputation des docteurs qui y enseignaient. C'est de cette école que partirent la Misna et la Massora [1]. Il n'existe plus rien aujourd'hui de cette fastueuse ville que Tabarim, qui mérite à peine le nom d'un bourg, entouré de ruines et de masures.

Bethsan, plus connue sous le nom de Scythopolis (ville des Scythes). La plupart de ses habitants n'étaient que des païens. Cette ville prit son nom d'une irruption que les Scythes firent dans la Palestine, sous le règne de Josias, fils d'Amon, roi de Juda. Aujourd'hui ce n'est plus qu'un village.

Ptolémaïde, ville de Phénicie sur la Méditerranée, au pied du mont Carmel, avec un port considérable, fut bâtie par un Ptolémée, qui lui donna son nom. Elle devint ensuite colonie romaine. Les Hébreux la nommaient Acco, et elle fut assignée par Josué à la tribu d'Aser, qui en conserva les habitants. Les croisés lui donnèrent le nom de Saint-Jean-d'Acre, et ce fut la dernière ville que les chrétiens possédèrent en Syrie. Les chevaliers de Saint-Jean la défendirent courageusement contre le Soudan d'Égypte, qui, après un long siége, la prit et la ruina.

[1] Le *Misna* ou corps du droit hébraïque. La *Massora* ou correction des textes sacrés.

Dora, entre le mont Carmel et Césarée, était autrefois grande et puissante ; ce n'est plus maintenant qu'un pauvre village, appelé Tartura.

2° *De la Samarie.*

Au temps de Jésus-Christ, cette province était plus petite que les autres provinces riveraines du Jourdain, ayant beaucoup perdu de son ancienne étendue. Elle était bornée au nord par la Galilée, à l'est par le Jourdain, au midi par la Judée, et à l'ouest, non pas précisément par la Méditerranée, mais par les côtes que Démétrius avait enclavées dans la Judée, de manière que la Samarie n'avait ni port ni même de communication directe avec la mer. Son sol, aussi fécond que celui de la Galilée, avait néanmoins une population inférieure à celle des deux autres provinces.

Après que les Assyriens eurent détruit le royaume d'Israël par suite de la jalousie qui régnait entre les tribus d'Éphraïm et de Juda, ils remplacèrent par des colonies les habitants emmenés en captivité. L'ancienne haine se réveilla lorsque ceux de Samarie se séparèrent du temple de Jérusalem, et en fondèrent un à Dan et à Béthel sans consulter les prêtres ni les lévites. Ces colonies de Babyloniens, d'Euthéens et autres, souillèrent le pays par toutes sortes d'abominations. Le roi Ézéchias eut assez de politique et de tolérance pour décider le reste des Israélites à se réunir sous son sceptre et à fréquenter de nouveau le temple de Jérusalem ; il tâcha même de gagner les Païens. Les autres rois d'Israël, les prêtres et les lévites qui avaient perdu leurs revenus et leurs prérogatives, considérèrent toute la population comme abjecte, bien qu'à côté des idoles elle adorât encore le vrai Dieu. L'animosité contre les Samaritains augmenta bien plus, lorsque Cyrus renvoya en Judée leurs frères qui, regardant la captivité qu'ils venaient de subir comme une punition de leurs péchés contre le Dieu de leurs pères, revinrent, sous Esdras et Néhémie, à la stricte observance de la loi et du culte lévitique. Ils refusèrent tout contact et toute communion religieuse avec les Samaritains. Ceux-ci, irrités du refus des Juifs, mirent tout en œuvre contre eux ; ils corrompirent par argent les ministres du roi de Perse, et ayant réussi par leurs calomnies à rendre les Juifs odieux à la cour, ils vinrent à bout d'arrêter la bonne volonté de Cyrus, qui avait permis de rebâtir le temple de Salomon. Depuis ce temps, il n'y eut plus de réconciliation possible entre les Juifs et les Samaritains, et lorsque ceux-ci eurent tout à fait renoncé au culte des idoles, pour adorer, sans aucun mélange de superstition, le Dieu d'Israël, ils mirent le comble à leur haine implacable en faisant schisme ouvertement. Cet événement arriva sous Alexandre-le-Grand, par les intrigues de Manassé, frère de Jaddus et gendre de Sanaballat, gouverneur en

Syrie, que Néhémie avait chassé de Jérusalem pour n'avoir pas répudié une femme qu'il avait épousée contre la loi. Sanaballat, qui ne cherchait que les occasions de contrarier les Juifs, obtint la permission de bâtir sur le mont Garizim un temple pareil à celui de Jérusalem. L'établissement de ce temple, où le service divin se faisait comme à Jérusalem, rompit tout commerce entre les Samaritains et les Juifs. Sichem, sur le mont Garizim, fut donc depuis ce temps comme la métropole de leur secte, et leur temple subsista deux cents ans, après lesquels il fut brûlé par Jean Hircan; ils continuèrent néanmoins leur culte sur le mont Garizim. Il reste encore aujourd'hui des partisans de la secte de ces anciens Samaritains, surtout à Sichem (ou Naplouse), et qui ont conservé leur religion dans toute sa pureté. Ils ont des sacrificateurs qui prétendent être de la race d'Aaron, et un grand-prêtre qui réside même sur le mont Garizim. Jésus-Christ en envoyant prêcher ses disciples, leur défendit d'entrer dans les villes des Samaritains, qu'il regardait comme des hérétiques et comme étrangers à l'alliance d'Israël. Les Juifs n'avaient point de plus forte injure à dire à un homme que de l'appeler Samaritain. Ceux-ci n'avaient pas moins de répugnance pour les Juifs, et ils refusèrent un jour de recevoir Jésus-Christ, parce qu'il paraissait se diriger sur Jérusalem; cependant ils avaient la même croyance que les Juifs, ils adoraient le même Dieu, et comme eux attendaient le Messie, et observaient exactement la loi de Moïse.

A l'époque de Jésus-Christ, la province de Samarie relevait directement de la domination des Romains, et était enclavée dans la Judée sous le gouvernement de Ponce-Pilate. Les lieux les plus remarquables étaient :

Ginéa, bourg de la plaine, qui servait de limites entre la Samarie et la Galilée, à trois myriamètres quatre kilomètres de Samarie au nord, et à pareille distance de la Méditerranée et du Jourdain.

Jesraël (Esdrelom, Stradela), à deux myriamètres de Samarie, dans le grand champ de la tribu d'Issachar. A ses portes était la vigne de Naboth, cause des violences et de la mort affreuse d'Achab et de sa femme Jésabel.

Therza, ancienne capitale du royaume d'Israël. Elle perdit son rang lorsque Amri fonda Samarie pour en faire la résidence de sa cour.

Samarie, à environ quatre myriamètres au nord de Jérusalem. Elle fut bâtie sur le Samer par Amri, roi d'Israël, qui fit de cette ville le siége de son empire. Les rois, ses successeurs, n'oublièrent rien pour la rendre une des plus riches et des plus magnifiques du monde. A l'époque de la destruction du royaume d'Israël, en l'an du monde 3280, Salmanazar, roi d'Assyrie, vint l'assiéger, la prit et la livra au pillage ; ses habitants furent passés au fil de l'épée. Peu après elle fut rebâtie, mais non rendue à sa première splendeur. Lorsqu'Alexandre eut conquis le pays, les habitants de Samarie s'étant refusés à lui payer tribut, il les chassa de leur ville, et y mit des colons macédoniens; les Samaritains choisirent ensuite Sichem pour leur capitale. Samarie fut prise de nouveau par Jean Hircan, qui la ruina de telle sorte, qu'il fit passer un torrent sur ses débris. Elle demeura en cet état jusqu'en l'an 5947, que Gabinius, proconsul de la Syrie, la rebâtit, et lui donna son nom. Mais le grand Hérodes lui rendit son ancienne splendeur et l'appela *Sébaste*, nom sous lequel elle était connne du temps de Jésus-Christ. Elle fut une des premières éclairée des lumières de l'Évangile par la prédication du diacre Philippe. On montrait dans Samarie les tombeaux d'Abdias, d'Élisée et de Jean-Baptiste; il ne reste aujourd'hui de cette grande cité que des ruines qui ont conservé le nom de Sébaste.

Sichem, située entre les deux montagnes Garizim et Ébal, fut une des villes de refuge, à sept myriamètres de Jérusalem. Détruite par Abimélech, elle fut rebâtie par Jéroboam, qui y fixa sa résidence. Elle devint capitale du royaume d'Israël, depuis la ruine de Samarie par Salmanazar. Cette ville, aujourd'hui très-délabrée, porte le nom de Nabolos ou Napoli, et parmi sa population de Turcs et d'Arabes se trouve encore un reste d'environ deux cents Samaritains, qui habitent un quartier isolé appelé *Badera*, qu'ils disent avoir appartenu au Patriar-

che Jacob; ils ont des boutiques et font le commerce de
détail. Au lieu du temple qu'ils possédaient jadis sur le
mont Garizim, ils n'existe plus pour l'exercice de leur culte
qu'une simple maison et un grand-prêtre nommé Cacham;
ils célèbrent la Pâque par des sacrifices, et mangent l'a-
gneau pascal avec les prières usitées, en tournant le visage
vers le mont Garizim.

Ennom, village entre Salem et le Jourdain, où saint
Jean baptisa Jésus-Christ.

5° *De la Judée proprement dite.*

Cette province ne porta le nom de Judée que depuis le
retour de la captivité de Babylone, parce qu'alors la tribu
de Juda était la seule qui formât un corps auquel se réu-
nirent les restes des autres tribus, dont les terres étaient
presque toutes occupées par les Samaritains, les Iduméens
et les Philistins. C'était l'élite du pur et véritable mo-
saïsme. La Judée était bornée à l'est par le Jourdain et la
mer Morte, au sud par l'Arabie pétrée et l'Égypte, à
l'ouest par le territoire des Philistins, et au nord par la
Samarie. Du temps de Jésus, le roi Démétrius-Soter ajouta
à cette province la moitié des terres appartenant à la tribu
d'Éphraïm. Cet agrandissement lui donna une plus grande
étendue que celle de la Samarie et de la Galilée. Sa longueur,
depuis Césarée jusqu'à Raphia, était de vingt myriamètres;

sa largeur, depuis le Jourdain jusqu'à la Méditerranée, de dix à douze.

La Judée était très-montagneuse, et le plateau central sur lequel se trouvait Jérusalem en était la partie la plus élevée. Sa fertilité n'égalait pas celle de la Galilée; mais la plaine de Saron, près des côtes de la mer, et le sud du bassin du Jourdain ne laissaient rien à désirer quant à la richesse du sol. Jérusalem était le siége de tout le commerce du peuple juif et le but des caravanes qui venaient de l'Orient. Les fêtes religieuses donnaient de fréquentes occasions à des foires, qui répandaient une grande aisance dans toutes les classes. Jésus-Christ ne séjourna ni souvent ni longtemps dans la Judée, dont les habitants repoussaient toute amélioration morale; il ne vint à Jérusalem qu'aux grandes fêtes, selon qu'il était prescrit. A cette époque, après la mort d'Hérode Ier et la déposition de son fils Archelaüs, la Judée et la Samarie n'étaient administrées que comme une simple province, par un gouverneur romain. Quelques événements donnèrent occasion à l'empereur Tibère, de conférer cette dignité à Ponce-Pilate, chevalier romain, homme de peu de mérite, et qui ne pensait pas, sans doute, que la procédure contre Jésus-Christ lui acquerrait une si triste célébrité.

Pour passer en revue avec quelque ordre les villes et bourgs de la Judée, nous allons les partager en trois séries, savoir :

       a. Le district de l'ouest ;

       b. Le district du centre ;

       c. Le district de l'est.

Cette division n'est que fictive, et ne sert que pour le moment, afin de faciliter l'aperçu général.

    a) *Villes situées dans le district de l'ouest, le long des côtes de la Méditerranée.*

Césarée, dite de Palestine (pour la distinguer de Césarée de Philippe), s'appelait anciennement la *Tour de Straton.* L'importance qu'elle acquit au temps de Jésus-Christ est due à Hérodes Ier, qui, frappé de sa position avantageuse, conçut le dessein d'en faire une puissante ville de commerce, en l'agrandissant et en y établissant un vaste port. Il dépensa à cet effet des sommes immenses. Elle fut d'abord peuplée de Syriens et de Grecs ; mais le grand nombre de constructions nouvelles permit à des Juifs de s'y établir. Malheureusement ils ne purent s'accorder avec la population primitive, et cette mésintelligence donna lieu par la suite à la dernière guerre civile. Entre autres monuments remarquables, Hérodes fit élever un magnifique palais de marbre blanc ; il pourvut la ville d'aqueducs, érigea un temple en l'honneur de l'empereur Auguste, et fit construire près du port un théâtre, où, suivant l'usage des Romains, on célébrait tous les cinq ans des jeux publics. Après avoir ainsi imprimé à sa cité une physionomie toute romaine, il lui ôta le nom de *Tour de Straton*, pour lui donner celui de *Césarée* (ville de l'empereur). Siége du gouvernement, métropole de la haute juridiction civile, et chef-lieu d'une division militaire, Césarée, outre son commerce, attirait ainsi une foule d'étrangers; aussi devint-elle en peu de temps riche et florissante. Cependant l'Évangile en fait peu mention dans son histoire; il n'est pas dit que Jésus-Christ la visita dans ses voyages. Mais on en parle souvent dans les actes des Apôtres. C'est dans cette ville que naquit saint Philippe, diacre, et que le centenier Corneille fut baptisé par saint Pierre. Saint Paul demeura deux ans prisonnier à Césarée, en attendant qu'on le conduisît à Rome, où il en avait appelé au tribunal de Néron; elle était à quinze myriamètres de Jérusalem, et subsistait encore du temps des croisades. Aujourd'hui on trouve à peine la trace de son mur d'enceinte et de son port.

Joppé (ou Jaffa), ville et port sur la Méditerranée, à sept myriamètres quatre kilomètres de Jérusalem. On croit que c'est Japhet, fils de Noé qui lui donna son nom. Hyram, roi de Tyr, y fit aborder les navires chargés de bois et de marbre, qu'il expédiait à Salomon pour la construction du temple. Plus tard son port fut agrandi par le grand-prêtre Simon, pour favoriser la navigation et le commerce. La grande population de cette cité engageait souvent les Apôtres à s'y transporter pour y propager l'Évangile. L'importance de son port lui fit jouer encore un rôle au temps des Croisades. Vers la fin du onzième siècle, elle fut arrachée des mains des Sarrasins par les chrétiens, qui l'embellirent beaucoup et en firent un point de communication entre la Palestine et l'Europe. Cependant en 1188 elle fut reprise par Saladin, et passa en 1517 sous la domination des Turcs. Ce n'est plus aujourd'hui qu'une pauvre bourgade sous le nom de Jaffa, mais servant encore de point de débarquement aux voyageurs qui viennent de l'Occident. Malgré l'oppression turque, des moines latins y ont, près de la mer, un couvent où ils exercent l'hospitalité envers les pèlerins. La population de Jaffa se compose de Grecs, d'Arabes et de Turcs, et le voyageur regrette de voir combien peu ils mettent à profit la fertilité du sol qui l'environne.

Arimathie, à un myriamètre quatre kilomètres au-dessous de Joppé, bâtie sur une hauteur. C'était la patrie de Joseph, qui signala sa foi en demandant à Pilate le corps de Jésus-Christ pour l'ensevelir. Son nom est maintenant *Ramlé*; c'est un bourg ruiné avec un beau et grand couvent, où l'on reçoit les pèlerins. La route qui conduit de là à Jérusalem par les montagnes de Juda, devient de plus en plus impraticable; elle est aride, et ses bords sont remplis de ravins et de précipices infestés de brigands arabes.

Jamnia, ville maritime entre Azoth et Joppé, n'eut un peu d'importance qu'au temps des Macchabées. Après la destruction de Jérusalem, elle fut le séjour de Juifs très-savants. Elle avoisinait l'ancien pays des Philistins, dont les cinq villes principales étaient *Eckron, Gath, Asdod, Ascalon* et *Gaza.*

b) Dans le district du centre, ou peut citer les villes suivantes :

Anuat, qui séparait la Samarie de la Judée, à six myriamètres quatre kilomètres sud de Sichem.

Silo, à deux myriamètres de Sichem, longtemps ruinée avant Jésus-Christ, n'est citée que dans l'Ancien Testament. Elle fut le siége du tabernacle et de l'arche. Depuis Josué jusqu'à Élie (pendant presque trois cents ans), c'était le lieu où les chefs des tribus et des familles se rassemblaient pour tenir conseil sur toutes les affaires publiques et particulières.

Béthel, située sur la route de Sichem à Jérusalem, à trois myriamètres deux kilomètres de l'une, et à deux myriamètres deux kilomètres de l'autre, au couchant d'Haï, sur les confins des tribus d'Éphraïm et de Benjamin, est mentionnée dans l'histoire d'Abraham et de Jacob. Au temps des juges, ces magistrats y tenaient une grande audience tous les ans. Cette ville fut choisie avec celle de Dan par Jéroboam pour être le siége du culte des idoles. Elle existait encore au temps de Jésus-Christ, et dans la dernière guerre des Juifs elle fut prise par les Romains, qui y mirent garnison.

Emmaüs, bourgade à un myriamètre quatre kilomètres de Jérusalem, vers le nord. C'est là que Jésus-Christ se manifesta à deux de ses disciples, qui venaient de Jérusalem, où ils avaient célébré la Pâque.

Rama, à un myriamètre de Jérusalem, située dans les montagnes, était la résidence et la demeure de Samuel, chef de l'école des prophètes. Le chétif village arabe, élevé sur les ruines du vieux Rama, s'appelle encore Samuele. La route qui conduit de là à Jérusalem est rude et très-incommode.

Jérusalem, ville capitale de la Terre-Sainte, appelée par les anciens *Salem* (lieu de la paix). Il n'est pas prouvé d'une manière incontestable que c'était Salem de Melchisédech, il est plus probable que c'est Salim ou Salomeus près du Jourdain. Elle reçut plus tard le nom de Jébus comme étant la ville capitale des Jébuséens. Mais c'est surtout la ville haute ou la citadelle qui se nommait ainsi. Josué ayant attaqué leur roi Adonisédech, le fit prisonnier et le tua sans pouvoir se rendre maître de sa résidence. Dans la suite, la partie basse de la ville fut prise par les tribus de Juda et de Benjamin, mais les Jébuséens étant restés maîtres des hauts quartiers, la ville fut habitée en même temps par eux et par ceux de Juda. Il était réservé au roi David d'en prendre la citadelle, et d'y transférer sa résidence, qui auparavant se trouvait à Hébron, où il avait régné sept ans. Son palais, situé sur le mont Sion, donna son nom à la ville. David la fortifia si bien, qu'elle contribua, par sa longue résistance, à faire subsister le royaume de Juda cent trente-quatre ans de plus que celui d'Israël, parce qu'alors du sort d'une capitale dépendait celui de tout le pays ; et nonobstant les troubles intérieurs et les luttes sanglantes du royaume de Juda avec ses voisins, elle ne succomba que sous Nabuchodonosor. Après la captivité de Babylone, elle se releva de ses ruines, puis elle eut à souffrir longtemps des rois d'Égypte et de Syrie, qui se disputaient la Judée ; et enfin des Romains et d'Hérode Ier, avant que celui-ci se fût affermi dans le pays. Mais elle réparait pompeusement ses désastres, se fortifiait et s'embellissait davantage à mesure qu'elle avait souffert, en sorte qu'au temps de Jésus-Christ elle était réellement dans toute sa splendeur. Cependant l'an 70 de l'ère chrétienne, elle fut prise et ruinée de fond en comble par les Romains. Quarante-huit ans après, l'empereur Ælius-Aurélien éleva sur ses débris une autre ville qu'il appela *Ælia-Capitolina*, nom qu'elle conserva jusqu'au commencement du quatrième siècle après Jésus-Christ, qu'elle reprit celui de Jérusalem ou Solyme, alors que les empereurs romains se convertirent au christianisme. Elle garda ce nom pendant les Croisades, où Godefroi de Bouillon la prit sur les Mahométans. Elle fut pendant presque cent ans la capitale d'un royaume chrétien en Palestine. Les Orientaux l'appellent encore aujourd'hui *El Kods* (le sanctuaire).

Cette ville était arrosée par des eaux abondantes, et avoisinée de vallées délicieuses, tandis que les montagnes qui l'enfermaient étaient stériles et désertes : c'était une oasis dans les rochers. Bâtie sur le plateau le plus élevé de la Judée, elle dominait ainsi la Terre-Sainte.

Jérusalem est située près de la montagne des Oliviers, et sur un sol inégal qui présente un plan incliné et descend du couchant au levant. Elle est entourée de trois vallées étroites, profondes et escarpées ; à l'est est la vallée de Josaphat, à l'ouest celle de Gehennon, au sud celle de Hinum. La ville est placée sur une espèce de haut promontoire ou de langue de terre, qui tient au plateau du côté du nord, et qui se dirige vers le sud.

A l'est de la ville, le Cédron coule, du nord au sud, dans une vallée resserrée entre les flancs escarpés de deux montagnes. Cette vallée est celle de Josaphat ; elle est très-étroite au milieu, s'élargit un peu vers le sud, et tournant au sud-est, se dirige vers la mer Morte. Elle renferme beaucoup de grottes funéraires et quelques tombeaux remarquables des anciens temps.

A l'ouest de Jérusalem est une autre vallée, celle de Gehennon, qui s'étend du nord au sud, entre le mont Gihon, dont elle prend parfois le nom, et le plateau qui couronne la ville. Son inclinaison est considérable, et elle devient de plus en plus profonde, à mesure qu'elle fait un coude et longe le côté sud de Jérusalem, en continuant à à descendre entre des parois de rochers dont l'élévation relative s'accroît dans la même proportion, prend une largeur de neuf cent quatre-vingt-cinq mètres, vingt-cinq centimètres, et débouche dans la vallée de Josaphat au point où celle-ci se dirige vers le sud-est. Cette partie inférieure de la vallée, qui a le Gihon à sa tête, portait autrefois le nom de *Gé ben hennom*, vallée des fils de Hennom. Cette vallée était très-agréable; couverte d'arbres et de vergers, c'est là que se trouvaient les jardins des rois. Jérusalem parjure sacrifia longtemps aux idoles sous ses ombrages, et entendait les cris des petits enfants brûlés sur les bras de Moloch. Plus tard, ce lieu ne fut plus cité qu'avec horreur (Tophet); il paraît même qu'il devint une place d'exécution; car le nom de Gehennom ou Gehenne désigna les supplices de la terre ou de l'éternité. Dans cette même vallée, sur les flancs de la partie méridionale de la montagne, se trouvaient la plupart des grottes funéraires de l'ancienne Jérusalem, et l'on y montre encore le champ du sang. C'est une place de vingt-huit mètres vingt-cinq centimètres de long, et de quatorze mètres soixante-deux centimètres de large, comprise entre les rochers et une muraille; la moitié en est occupée par un ossuaire voûté de neuf mètres soixante-quinze centimètres de haut, dans lequel on introduisait les cadavres par cinq ouvertures.

La vallée des Raphaïm ou des Géants est au sud de

Gehennom. Elle se dirige aussi vers le sud, mais elle est plus large et moins profonde.

Ces différentes vallées étaient comme autant d'immenses fossés dont Dieu avait enceint la ville et ses collines escarpées. Les murailles suivaient jadis, sur la crête, les bords du précipice ; aujourd'hui elles s'en éloignent en plusieurs endroits.

Le haut promontoire qu'entourent ces ravins et qui supporte la ville, est composé de quatre collines calcaires et blanchâtres séparées les unes des autres par des enfoncements peu considérables ; Sion au sud-ouest, Moriah à l'est qui sont les plus importantes, Akra au nord-ouest et Bézetha au nord-est.

La montagne de Sion, plus élevée et plus allongée que les trois autres, forme l'angle sud-ouest entre la vallée de Gehennom et celle de Ben-hennom ; elle est inclinée de l'ouest à l'est ; et portait la ville haute, la forteresse, la cité et le palais de David. Plus tard Hérode Ier bâtit, au nord-ouest de Sion, son palais de marbre, environné de tours et d'une haute muraille avec des galeries, des jardins et des bassins. Sion s'abaisse rapidement à l'ouest et au sud vers les profondes vallées de Gehennom et de Ben-hennom. Au nord et au nord-est est à sa base une autre vallée moins profonde, celle dite des Fromagers, qui s'ouvre au point même où se rencontrent celles de Josaphat et de Tophet, et qui était couverte de maisons très-serrées ;

à son entrée est la source de Siloé, la seule fontaine jaillissante que l'on trouve dans les environs de Jérusalem. La vallée est aujourd'hui en majeure partie comblée par les décombres des maisons si souvent détruites et relevées, et le lieu où est Siloé a seul conservé le même aspect qu'autrefois.

Au delà de la vallée des Fromagers et au nord de Sion, se trouve la colline Akra, elle est moins élevée et à demi-circulaire. Là était la partie principale de la ville basse, la *Fille de Sion*.

La troisième hauteur, au sud-est d'Akra et au nord-est de Sion, est Moriah, sur laquelle était le temple; elle est séparée des deux autres par une vallée large et peu profonde. On arrivait d'abord à une grande place carrée, fermée d'une muraille, autour de laquelle régnaient des galeries. Cette muraille environnait la cour extérieure, *le Parvis des Gentils*. C'est là que le peuple venait rendre hommage au Seigneur, et que les docteurs donnaient leurs instructions. Mais au temps de Jésus-Christ, ce lieu était aussi devenu une place de marché; on y vendait les bêtes de sacrifice, du sel, de la farine, de l'huile, du vin, de l'encens, et l'on y échangeait l'argent étranger contre la monnaie juive. Ce furent ces marchands que chassa Jésus-Christ, parce qu'ils troublaient le recueillement religieux. Une rangée de bâtiments contenant les habitations des lévites, des salles, des portiques, séparait le parvis extérieur de celui des prêtres, où l'on brûlait, soir et matin, un agneau sur le grand autel des holocaustes, où se faisaient, en général, tous les sacrifices, et où se trouvaient des bassins pour les ablutions des prêtres ; un canal écoulait le sang des victimes hors du temple et le conduisait dans le Cédron. Au-devant du parvis intérieur s'élevait le *temple proprement dit* ; il était construit en marbre, les parois intérieures étaient revêtues de bois de cèdre et ornées de diverses sculptures et de figures de chérubins. Une galerie haute de trois étages régnait autour du bâtiment principal, qui était divisé dans sa longueur en deux parties : *le lieu saint* et le *lieu très-saint*. Le temple de Salomon fut détruit par Nabuchodonosor ; on le releva après le retour de la captivité. Hérodes Ier, ce même prince qui introduisit tant de pratiques païennes dans la Terre-Sainte, fit cependant réédifier le temple avec magnificence : on y travaillait depuis quarante-six ans, lorsque Jésus-Christ y enseigna. Il fut achevé soixante-quatre ans après la naissance du Sauveur et brûlé six ans après son achèvement, lors de la destruction de Jérusalem. L'emplacement en est aujourd'hui occupé par la magnifique mosquée du prophète arabe. Elle est, aux yeux des Mahométans, à peu près aussi sacrée que la Caaba de la Mecque, et l'on vient des contrées les plus éloignées de l'Asie et de l'Afrique adorer un Dieu imaginaire sur la montagne où la gloire de l'Éternel avait, pendant plusieurs siècles, rempli de ses rayons le premier sanctuaire.

Non loin du temple, au nord-ouest et sur un rocher à pic, était la forteresse Antonia, elle était de forme carrée. D'une des tours on voyait tout ce qui se passait dans les parvis sacrés. Une garnison romaine, que l'on doublait les jours de fête, y surveillait le peuple rassemblé dans le temple, où elle pouvait pénétrer à l'improviste par une galerie souterraine. C'est probablement dans cette forteresse qu'était le prétoire de Pilate, et au-devant se trouvait le tribunal dans un lieu pavé de pierres de diverses couleurs. La montagne du temple s'abaissait à l'est vers la profonde vallée de Josaphat, au sud par une pente moins rapide vers celle de Tophet, à l'ouest vers celle des Fromagers, sur laquelle avait été construit un pont qui unissait Sion à Mériah. Au nord-ouest elle avait en face la colline d'Akra, et au nord-est elle était séparée par un fossé creusé de main d'homme, d'une quatrième colline sur laquelle la nouvelle ville de Jérusalem, appelée Bézetha, fut construite plus tard. La forme du terrain de l'ancienne Jérusalem a tellement changé par la suite des siècles, qu'il est difficile de retrouver et de se représenter nettement et en détail l'état primitif des choses.

La source de Siloé se voit encore aujourd'hui hors de la ville, à l'entrée de la vallée des Fromagers; elle est entourée de maisons rustiques et de jardins. L'eau, qui en est limpide et agréable au goût, coule dans un réservoir autrefois voûté, et descend, ombragée par des rochers, dans

un second réservoir, là où se trouvaient les jardins royaux,
les blanchisseries et le champ du foulon. Non loin de Siloé,
dans la vallée de Josaphat, était un puits profond appelé
la *Fontaine royale*, qui communiquait autrefois sous terre
avec Siloé. Plus au sud, au-devant de la vallée de Benhen-
nom, encore dans celle de Josaphat, se trouvait un autre
puits creusé dans le roc à trente-trois mètres de profondeur.
Le fond de la vallée était jadis couvert de grenadiers et
d'arbres fruitiers. Ces fontaines paraissent avoir commu-
niqué sous terre les unes avec les autres ; on entendait l'eau
bouillonner sous les rochers, et Siloé, en particulier, était
regardée comme le débouché de toutes les sources. Aujour-
d'hui il n'en existe aucune dans l'enceinte de la ville. Jérusalem était d'ailleurs aussi pourvue d'eau par un aqueduc
qui partait des réservoirs de Salomon et aboutissait à la
vallée de Gehennom, en passant entre les montagnes. Cette
abondance d'eau avait rendu les environs de la capitale
très-fertiles ; les champs, les vignes et les jardins étaient
cultivés avec beaucoup de soin, et les terres y avaient une
valeur fort considérable.

L'enceinte de Jérusalem consistait en de très-fortes murailles de deux cents coudées de haut sur dix de large. Elles
étaient surmontées d'un parapet au-dessus duquel s'élevaient des créneaux hauts de trois coudées, et des tours,
de forme carrée, s'élevaient encore de vingt coudées sur la
muraille, et servaient à la garde et à la défense de la

ville. De l'une de ces tours, située à l'angle nord-ouest de Jérusalem, et haute de soixante-dix coudées, on avait la vue de l'Arabie à l'est, et de la Méditerranée à l'ouest. On découvre à peine aujourd'hui quelques vestiges de ces immenses tours et de ces fortes murailles.

Jérusalem avait dix portes, sur la position desquelles il règne quelque incertitude. Celle de la Fontaine conduisait à la source de Siloë, et celle des Brebis, au côté nord du temple, menait dans la vallée de Josaphat. Dans le voisinage de cette dernière, était le réservoir de Béthesda, où les malades venaient chercher un remède à leurs souffrances. L'on voit encore en ce lieu un bassin en maçonnerie, mais sans eau, de trente-huit mètres de long, appelé Béthesda, près duquel sont trois portiques ou trois voûtes très-anciennes. Le côté nord de Jérusalem, qui n'est pas protégé par un ravin, et qui est le plus faible, avait la muraille la plus large, et ne présentait que deux portes : celle d'Éphraïm à l'est, et celle de l'angle à l'ouest. La plupart des portes menaient dans la vallée de Josaphat, une seule dans celle de Gehennom, une autre dans celle de Ben-hennom.

L'enceinte de la ville, dans le temps de Jésus-Christ, était d'environ six kilomètres; elle n'est plus que de trois. La population doit avoir été de cent vingt mille habitants sous Alexandre-le-Grand, et les rues étaient sans doute assez rapides dans plusieurs parties de la ville. Suivant l'usage actuel de l'Orient, les ouvriers de la même profession avaient probablement, dans une même rue, leurs ateliers et leurs boutiques. Les places où le peuple se réunissait aux jours de fête et dans d'autres circonstances importantes, étaient les grandes terrasses aux deux côtés du pont qui joignait Sion et Moriah, et celle qui touchait à la porte d'Éphraïm.

Nous allons encore passer en revue les environs de Jérusalem, où nous remarquons :

Golgotha (crâne), montagne au couchant et au nord de la ville, lieu d'exécution des criminels : c'est le Calvaire, Jésus-Christ y fut crucifié et enseveli dans le jardin de Joseph d'Arimathie.

Gethsémani (vallée de l'huile), métairie isolée au pied de la montagne des Oliviers, où Jésus-Christ, pendant sa retraite, fut livré par Judas. Au même endroit est encore un petit jardin avec huit vieux oliviers.

Haceldama (champ du sang); il fut appelé héritage du sang parce qu'il fut acheté des trente deniers que Judas avait reçus pour livrer Jésus-Christ. Ce champ était près de la vallée de Tophet, et servait de cimetière aux étrangers et aux pèlerins qui mouraient à Jérusalem. Les chrétiens qui y demeurent l'appellent le *Champ sacré*, et sont obligés de payer une forte contribution pour le conserver.

Sur la route qui mène en Galilée par Jéricho, on doit mentionner deux bourgs : 1° Beth-phage (maison de colère), au pied du mont des Oliviers. C'est là que Jésus-Christ envoya prendre l'ânesse sur laquelle il fit son entrée à Jérusalem quelques jours avant sa passion. A trois cents pas à côté de la route était *Béthanie* (le lieu des dattes). Quelque modeste que fût ce village, Jésus-Christ aimait cependant beaucoup à s'y arrêter lorsqu'il allait à Jérusalem, qui n'en était éloignée que de deux kilomètres. Là vivait Lazare, l'ami de Jésus-Christ et de ses disciples, avec Marthe et Marie ses sœurs. Béthanie n'est plus qu'un chétif hameau, au milieu de ruines et de décombres, avec quelques cabanes habitées par de pauvres familles. On montre les restes de la maison de Lazare et son tombeau dans une grotte profonde.

Une des plus célèbres villes de l'Écriture est Bethléem, autrefois *Ephrata*, de peu de valeur en soi, mais remarquable par la naissance de Jésus-Christ. Elle est située sur une petite hauteur, à un myriamètre au sud de Jérusalem, dans une contrée très-fertile en vins, figues et blé. De là son nom de Bethléem (maison du pain). Cette ville était déjà importante pour les Juifs comme lieu de naissance de David, et résidence de sa famille; ce qui la faisait aussi appeler *Cité de David*. Les parents de Jésus-Christ, issus de cette famille, y vinrent pour satisfaire à la loi romaine sur le recensement. Ne trouvant plus de place dans l'hôtellerie, ils furent contraints de se retirer au fond d'une grotte, dans laquelle naquit Jésus-Christ. Cependant ses

contemporains ne le désignaient jamais que comme Naza-
réen. Les chrétiens, au contraire, attachaient un grand
intérêt au lieu de sa naissance. L'impératrice Hélène fit
bâtir sur ce lieu une magnifique église, qui, après bien
des vicissitudes de dévastation et de reconstruction, présente encore un bâtiment élevé, communiquant à une
chapelle souterraine qui n'est autre que la grotte où naquit
le Sauveur, et qui renferme encore la crèche dans laquelle
il était couché. Bethléem n'est plus qu'un bourg où demeurent quelques pauvres chrétiens qui gagnent leur vie
à faire des croix et des chapelets qu'ils vendent aux
pèlerins.

Hébron, à quatre myriamètres de Jérusalem, sur la
route de Jéricho, n'est remarquable que par le séjour qu'y
fit Abraham, et la résidence qu'y avait David. Dans la
dernière guerre des Juifs, elle fut totalement ruinée par
les Romains. Près de l'ancienne ville, est aujourd'hui le
village d'*El Kalil*, qui n'est habité que par de pauvres
Juifs. Les chrétiens n'y sont pas tolérés. Au sud-est d'Hébron, était *Jutta*, ancienne ville sacerdotale, où demeuraient Zacharie et Élisabeth. Enfin *Berséba*, qui faisait
la frontière au sud de la Palestine. De là l'expression : *de
Dan à Berséba*, pour signifier tout le pays ; elle s'appelle
maintenant *Gibelin*.

Dans le district de l'est de la province de Judée près de
la rive occidentale du Jourdain, était la célèbre *Jéricho*,

ou ville des palmiers, ainsi nommée de l'excellence et de la multitude des arbres de cette espèce qu'on y plantait, ainsi que dans les environs, et remarquables par leur extrême fertilité. Cette ville, à quatre myriamètres de Jérusalem et à un myriamètre du Jourdain, fut, de bonne heure, considérable. Josué s'en empara et la ruina presque en entier lorsqu'il commença la conquête de la Palestine. Reconstruite plus tard, elle devint le siége de l'école florissante des prophètes, et après la captivité de Babylone, avec Jérusalem, la ville la plus importante de tout le pays; elle l'était encore au temps de Jésus-Christ. Hérode Ier fit beaucoup de dépenses pour l'embellir, y construisit un amphithéâtre et des arènes, en fit souvent sa résidence dans les dernières années de son règne et y mourut. Plusieurs auteurs prétendent qu'elle avait à cette époque six kilomètres de circuit, et qu'à elle seule elle renfermait douze mille prêtres qui y demeuraient pour être à la proximité de Jérusalem, à cause du service divin. La route de Galilée à Jérusalem qui y passait, la rendait très-vivante. Jéricho paraît avoir été l'entrepôt des marchandises qu'on transportait de l'Arabie à Tyr et à Sidon à travers la Palestine; aussi s'y trouvait-il un grand bureau des douanes, et c'est à ce bureau qu'appartenait Zachée, le publicain converti par Jésus-Christ.

La route qui conduisait de Jéricho à Jérusalem ne jouissait pas d'une bonne renommée. Elle traversait le désert

de Jéricho (*Quarantania*), qui avait de huit à treize kilomètres de long ; il fallait passer par des ravins et des dé-
filés épouvantables, séjour constant de voleurs et de ban-
dits. Cette route est encore très-peu sûre, et les voyageurs
qui la prennent se font accompagner d'une forte escorte.
Au temps de Jésus-Christ, se trouvait placé, à l'endroit le
plus dangereux, le village d'Adumim avec un fort, dont
la garnison était destinée à protéger les voyageurs. On ne
voit maintenant sur l'emplacement de Jéricho qu'un pauvre
village nommé Riha.

La petite ville d'Éphrem ou Éphraïm, dans une contrée
sauvage et peu habitée, à un myriamètre de Jérusalem,
au nord-est, n'est remarquable que par le séjour qu'y fit
Jésus-Christ pour se dérober quelque temps aux persécutions.

4° *Province de Pérée ou contrée orientale du Jourdain.*

Cette contrée s'appelait anciennement *Giléad*, et à l'é-
poque de Jésus, on la désignait sous le nom de *Pérée*.
Elle comprenait les divers territoires qui, du temps de
Josué, firent partie des tribus de Manassé, Gad et Ruben.
Les limites de cette contrée furent, à l'ouest, le Jourdain,
à l'est, les montagnes de Giléad et l'Arabie pétrée, au
nord l'Anti-Liban, et au sud la rivière de l'Arnon et les
champs de Moab.

Cette contrée, au temps de Jésus-Christ, et jusqu'à l'anéantissement de la puissance des princes juifs, se divisait en deux parties. La première, subdivisée en plusieurs provinces particulières, était sous le gouvernement de Philippe, et la seconde, la Pérée proprement dite, relevait de Hérode-Antipas, tétrarque de Galilée.

La fertilité de ce pays n'approchait pas de celle de la rive occidentale du Jourdain, parce qu'il était coupé de vallons sablonneux, mais il était préférable sous le rapport des pâturages : ce qui, lors de la première conquête de la Judée, engagea les tribus nomades de Manassé, Gad et de Ruben d'en prendre possession. Plus tard, l'industrie et le commerce lui procurèrent les avantages qu'il ne pouvait attendre de l'agriculture.

Il subit les mêmes changements que la Samarie et la Galilée, parce qu'il faisait partie, comme elles, de l'ancien royaume d'Israël, à la différence qu'il tomba sous la domination des rois de Syrie, pendant la captivité de Babylone. Mais lorsqu'ensuite il fut, comme le reste de la Judée, au pouvoir des Romains, sa partie méridionale au delà de Damas fut cédée par l'empereur Auguste à la famille d'Hérode. De là vint que, depuis le retour de la captivité, il y eut peu de Juifs qui se fixèrent dans la contrée orientale du Jourdain. Ils y furent comme perdus au milieu d'une multitude de Païens, de Syriens, de Grecs et d'Arabes qui s'y étaient établis, et n'y jouèrent plus un certain rôle qu'au temps des Macchabées et du règne de la famille d'Hérode.

Il faut avouer que leur contact avec les colons étrangers exerça beaucoup d'influence sur leur caractère et leurs habitudes. Sans renoncer au titre de *Peuple de Dieu*, ils ne répugnaient plus d'avoir commerce avec les Gentils, ils se policèrent en les fréquentant, et surtout s'imprégnèrent insensiblement de la civilisation grecque. Mais, par cette raison même, les Juifs orthodoxes les estimèrent moins encore qu'ils ne faisaient auparavant. Les Galiléens, leurs voisins, les regardaient à peine comme issus de la même race, et comme leurs coreligionnaires dégénérés résidant hors de la Palestine. Jésus-Christ visita rarement la contrée orientale du Jourdain. Peut-être lui-même la considérait-il comme une terre étrangère.

1° *Tétrarchie de Philippe.*

Cette Tétrarchie se composait du gouvernement de la Trachonitide, de la Gaulonitide, de la Batanée et de la Gamalitie. Le premier de ces districts, situé au nord en deçà de l'anti-Liban et du territoire de Damas, s'étendait au sud vers les montagnes de Giléad. On nommait aussi cette partie méridionale l'Iturée, et Philippe portait quelquefois le titre de *Tétrarque d'Iturée* et de *Trachonitide*. La Gaulonitide s'étendait le long des rives orientales du lac de Génézareth jusqu'au nord vers l'Iturée. La Batanée, le plus important des quatre districts, à l'est de la plaine du

Jourdain, vers l'Arabie pétrée, comprenait la partie la plus considérable de l'ancien territoire de la tribu de Manassé. La Gamalitie embrassait toute la contrée située sur les bords du lac de Génézareth, au nord vers Panéas. Les limites de ces districts ne furent cependant jamais bien déterminées, et se confondirent indistinctement. Elles renfermaient la *Décapole*, gouvernement de dix villes qui cependant n'étaient pas toutes dans le même rayon, et dont, au contraire, chacune eut son territoire, mais elles relevaient ensemble de la domination romaine, qui leur avait accordé beaucoup de priviléges. Elles étaient habitées par un mélange de Syriens et de Grecs. Les plus importantes et les plus connues d'entre elles furent *Seytopolis* ou Bethsan, sur la frontière de la Galilée, Gamala, Gadara, Gerasa, Hippos, Pella et Ganatha.

Philippe régna sur cette partie orientale du Jourdain ; il était le plus jeune des fils d'Hérode Ier et frère d'Archelaüs et d'Hérode-Antipas ; il ne faut pas le confondre avec son autre frère Hérode-Philippe, auquel Antipas enleva Hérodias, et qui vécut en simple particulier, après avoir été déshérité pour la part que sa mère, femme d'Hérode Ier, avait prise dans une conjuration contre sa personne. On cite généralement le Tétrarque Philippe comme ayant été un prince doux, affable et juste. Ce fut sans doute par cette raison que Jésus cherchait un refuge sur son territoire quand le danger le menaçait en Judée ou en Galilée.

Philippe gouverna pendant trente-sept ans, et mourut l'an 55 de Jésus-Christ, dans la vingtième année du règne de Tibère. Après sa mort, on ajouta sa Tétrarchie à la province romaine de Syrie, dont la Judée et la Samarie faisaient déjà partie. Parmi les villes de cette Tétrarchie, nous remarquerons :

La Césarée de Philippe, située à l'est, non loin de l'ancienne ville frontière de Dan, au pied de la partie de l'anti-Liban qu'on appelle préférablement l'Hermon ; elle portait et avait donné d'abord à son territoire le nom de *Paneas*, que le Tétrarque Philippe, qui l'avait agrandie et embellie, changea en celui de Césarée, en l'honneur de l'empereur Auguste. Pour la distinguer d'une autre Césarée située sur la Méditerranée, on y ajouta le nom de Philippe, son fondateur. On y remarque encore, dit-on, un temple en marbre blanc construit et dédié à l'empereur Auguste par Hérode Ier. Après la mort de Philippe, Hérode-Agrippa II nomma cette ville *Neronias*, pour plaire à l'infâme Néron. Du temps des croisades, les Sarrazins et les chrétiens s'en disputèrent souvent la possession ; les derniers cependant finirent par la perdre pour toujours, l'an 1167 après Jésus-Christ. Aujourd'hui elle est de peu d'importance, et porte le nom de Banéjas (l'ancienne Panéas), que les Arabes lui ont donné. L'Hermon, au pied duquel elle est située, se nomme Dschebal-Scheick, (mont principal).

Bethsaïda-Julia, qu'il ne faut pas confondre avec Bethsaïda en Galilée, située sur la rive occidentale du lac de Génézareth, est au nord-est de ce lac, à l'embouchure du Jourdain. Elle fut d'abord, comme l'autre Bethsaïde, simplement un grand village de pêcheurs, ce que son nom indique assez. Mais le tétrarque Philippe la rebâtit, augmenta sa population et la transforma en une ville dont il fit probablement sa résidence, puis il lui conféra le nom de Julia, en l'honneur de la fille de l'empereur Auguste, Jésus se retira dans ses environs, lorsqu'il ne se crut plus en sûreté sur le territoire d'Hérode Antipas, qui venait alors de faire mourir saint Jean-Baptiste. C'est aussi en ces lieux que se trouvait la vaste bruyère où le Seigneur nourrit les cinq mille hommes.

La ville de *Gadara*, vis-à-vis de la Galilée, qui faisait partie de la Décapole, est remarquable en ce que Jésus opéra, dans son voisinage, la guérison du démoniaque. Les habitants de cette contrée, qui étaient Grecs et non pas Juifs d'origine, nourrissaient un grand nombre de porcs. La ville de Gadara était sur la rivière d'Hieromar, et son territoire touchait, au sud-ouest, à la Galilée. On a déjà fait mention des bains salutaires de Gadara.

Magdala, petite ville près de l'embouchure du Jourdain, sur le côté occidental du lac de Génésareth.

Gamala, à la pointe occidentale du lac de Génésareth, située sur une montagne qui avait la forme d'un chameau

(Gumla), fut une ville forte qui donna son nom à tout le district.

2° De la Pérée proprement dite.

Cette province, à l'orient du Jourdain, se composait en grande partie de l'ancien territoire des tribus de Gad et de Ruben. Elle était bornée au nord par la Tétrarchie de Philippe, au levant par l'ancien pays des Amorrhéens et par l'Arabie déserte, au sud par la rivière de l'Arnon et la mer Morte, au couchant par la rive orientale du Jourdain, vis-à-vis de la Samarie et de la Judée. A l'époque de Jésus-Christ, elle se trouvait placée sous la domination du Tétrarque de Galilée, Hérode-Antipas.

La ville la plus septentrionale de la Pérée fut *Pella*, située dans une contrée surabondante en eau, sur les bords de la rivière de *Jadok*. Le Nouveau Testament n'en fait pas mention, mais on sait qu'elle servit de refuge aux chrétiens de Jérusalem, lorsqu'ils se sauvèrent de cette ville à l'époque de sa destruction par les Romains.

Bethabara, qui signifie gué, était un lieu de péage sur le Jourdain. C'est là que saint Jean baptisait.

On cite encore dans cette contrée la forteresse de *Macharus* ou *Macheronte*. Elle était à treize kilomètres de la mer Morte, située sur un rocher inaccessible, entourée de vallées très-profondes, et avait à son pied une ville considérable. Saint Jean-Baptiste y fut retenu prisonnier par

Hérode-Antipas : c'est là probablement aussi qu'il fut décapité, car cette forteresse était près d'Hérodium, où se célébrait l'anniversaire de la naissance ou du couronnement d'Hérode-Antipas, fête dans laquelle Salomé, fille de l'incestueuse Hérodiate, obtint, pour prix de sa danse, la tête de saint Jean. Macheronte était, après Jérusalem, la place la plus forte de la Judée.

En exposant l'état politique et géographique de la Judée au temps de Jésus-Christ, nous n'avons jusqu'ici indiqué qu'en passant les points qui se lient plus intimement à l'histoire de l'Évangile. Maintenant nous allons suivre Jésus-Christ lui-même dans toutes les phases de son sublime apostolat.

C'est à Bethléem, lieu de sa naissance, que l'on trouvera d'abord Jésus, par suite d'un voyage que ses parents firent de Nazareth à cette ville, berceau de leur famille. C'est là qu'il fut circoncis, d'après l'usage juif, huit jours après sa naissance, et d'où on le porta à Jérusalem pour y être offert au Seigneur comme premier-né, lors de la purification de sa mère. Ses parents s'en retournèrent encore une fois à Bethléem.

Ce fut par des mages de l'Arabie, qui bientôt après arrivèrent à Jérusalem, que le méfiant Hérode Iᵉʳ apprit le lieu de naissance du roi des Juifs. Pour échapper à ses persécutions, Joseph et Marie se décidèrent à chercher un refuge en Égypte, où le tyran ne pouvait plus les atteindre, l'Égypte étant alors une province romaine. Une route d'environ treize myriamètres les conduisit à l'asile écarté et inconnu qu'ils s'étaient choisi sur la frontière. Ils le quittèrent après la mort d'Hérode Ier. Mais comme la dureté et la méchanceté de son fils et successeur Archelaüs leur défendit un nouveau séjour à Bethléem, ils allèrent occuper leur ancienne demeure de Nazareth en Galilée, où Jésus passa son adolescence. Nous le voyons dans l'intervalle, à l'âge de douze ans, accompagner ses parents à Jérusalem, à l'occasion des fêtes de Pâques, et au milieu des curiosités et de toutes les magnificences de cette grande cité, ne s'occuper que du temple, mettre à l'épreuve la science des docteurs de la loi, les étonner lui-même et les confondre.

Le trajet de la Galilée à Jérusalem, que Jésus fit si souvent, pouvait s'effectuer régulièrement en trois jours, et de trois manières différentes : 1° en partant de Nazareth, par Naïn et Eudor, pour Scythopolis, près du Jourdain, ou prendre par Samarie, Sichem et Béthel en ligne directe jusqu'à Jérusalem. La route était de treize à quatorze myriamètres ; 2° en évitant Samarie, passer le Jourdain à Scythopolis pour aller en Pérée, et en longeant la rive occidentale de ce fleuve jusque vis-à-vis de Jéricho, d'où ensuite on tournait vers l'est en joignant le grand chemin de Jéricho à Jérusalem. Cette route comportait de dix-sept à dix-huit myriamètres ; 3° enfin, celle en effet plus longue et moins fréquentée de la Galilée à Dor, par le rivage de la mer, d'où on se dirigeait sur Césarée, Antipatride, Diospolis et Lydda, en traversant la partie méridionale des Montagnes d'Éphraim.

Jésus choisissait ordinairement l'une des deux premières, et ce ne fut qu'après sa résurrection qu'il parut sur la troisième dans le vallon d'Emmaüs.

Ce fut donc à Nazareth que Jésus passa ses trente premières années. A cette époque de sa vie, il se rendit, pendant la fête des Tabernacles, à Bethabara, pour s'y faire baptiser par saint Jean, qui avait institué cette purification extérieure. A l'issue de cette consécration, Jésus se retira dans le désert. Après avoir vécu quelques jours sur les bords du Jourdain, où il avait lui-même baptisé, il s'attacha deux disciples, André et Jean, et, par ceux-ci, trois autres de leurs amis, Pierre, Philippe et Nathanaël, qui l'accompagnèrent à son retour en Galilée, et avec lesquels il arriva le troisième jour à Cana, où il se trouva à des noces qui avaient lieu dans la maison d'un de ses parents maternels. De là il se rendit, accompagné de sa mère et de ses disciples, à Capharnaüm. Après y avoir séjourné quelque temps, il visita d'autres lieux en Galilée, où il enseigna dans les synagogues, et s'attira par là une attention et une estime toute particulière. Il essaya la même chose à Nazareth, mais il eut peine à se soustraire à la fureur de ses propres compatriotes, qui se proposaient de le précipiter d'un rocher escarpé près de leur ville : c'est ce qui l'obligea de s'en retourner à Capharnaüm, d'où il alla à Jérusalem, afin d'y célébrer la Pâque avec les autres Juifs.

Ce fut à l'occasion de cette fête que Jésus chassa les marchands hors de l'enceinte du temple, action qui souleva contre lui la colère des princes des prêtres, mais qui lui attira l'estime de beaucoup de Juifs, et à la suite de laquelle il eut un entretien secret, dans la nuit, avec Nicodème, sage Pharisien, sur qui il avait fait une vive impression. Nicodème, dès ce moment, lui voua un attachement à toute épreuve. Après les fêtes, Jésus quitta la ville, s'arrêta environ six mois dans la province de Judée, probablement dans le voisinage de Jéricho, et transmit à ses disciples le pouvoir de baptiser dans les eaux du Jourdain, comme l'avait fait saint Jean. Celui-ci, qui demeurait alors à Ennon, près de Salim, fut arrêté et jeté dans un cachot par ordre d'Hérode-Antipater. Jésus croyant sa sûreté compromise après un tel événement, se décida de s'en retourner en Galilée avec ses disciples, et il prit le chemin le plus court, par Samarie. Ce fut pendant ce voyage qu'il eut l'entretien avec la Samaritaine, près du puits de Jacob, dans les environs de la ville de Sichem. A son retour en Galilée, il engagea ses disciples à reprendre leurs occupations de pêcheurs au lac de Génézareth pour quelque temps seulement, et il s'en alla seul chez ses parents à Cana. Sa renommée l'avait devancé dans sa patrie ; car à peine eut-il mis le pied à Cana, qu'un officier du roi Hérode, demeurant à Capharnaüm, vint le trouver pour le prier de rendre la santé à son fils malade. La confiance de cet homme fut récompensée. Aussi lorsque Jésus alla à Capharnaüm, il y fut accueilli avec transport. Passant près du lac de Génésareth, il invita de nouveau ses disciples à le suivre, et il se rendit avec eux à la ville, où il demeura dans la maison de la belle-mère de Pierre. Au sabbat suivant, il enseigna avec succès dans la synagogue de Capharnaüm, guérit un épileptique, rendit la vie à son hôtesse à son retour à la maison, et continua, tout le restant du jour, à guérir des malades qui affluaient de tous côtés. Pour se soustraire à cette multitude, il sortit de la ville le lendemain, et s'arrêta aux bords du lac, dans un lieu désert, et voyant qu'une foule considérable le pressait encore en cet endroit, il entra dans le bateau de Pierre et enseigna la morale au peuple rassemblé sur le rivage. Ce fut en cette occasion qu'il acheva de s'attacher Pierre et ses compagnons, qui jurèrent tous de le suivre partout où il irait. Bientôt après il s'embarqua avec eux sur le lac pour se diriger vers la partie occidentale du Jourdain. C'est pendant cette traversée qu'il apaisa la tempête au grand étonnement de ses disciples, avec lesquels il aborda dans un lieu désert, près des villes de Gadara et Gerasa, où il guérit le démoniaque. De là il se retira encore à Capharnaüm, où le peuple n'avait cessé d'attendre son retour, et où il guérit le paralytique qu'on lui avait amené. Entre la ville et le lac il trouva, dans une maison de péage, Mathieu, qu'il invita à le suivre, et chez lequel il prit un repas amical. De là on vint l'appeler de la part du chef de la synagogue nommé Jaïr, pour ressusciter sa fille. Chemin faisant, par le simple toucher de ses vêtements il guérit une femme atteinte d'un flux de sang; il rappela à la vie la fille de Jaïr. Dans une autre excursion aux environs de la ville, il rendit la vue à deux aveugles, et la parole et l'ouïe à un sourd-muet. Il visita alors un grand nombre de bourgs et de villes avoisinantes, et voyant l'affluence toujours croissante du peuple autour de lui, il résolut de s'adjoindre quelques disciples pour étendre sa salutaire mission. Après avoir adressé à Dieu une prière fervente sur une montagne où il passa la nuit, il choisit douze d'entre eux pour devenir ses compagnons inséparables. Dans son sermon de la montagne, il leur donna, en présence du peuple, les instructions qui devaient servir de base à leur apostolat. A son retour à Capharnaüm, il guérit un lépreux, et rendit la santé au serviteur d'un capitaine d'Hérode. Après avoir tracé quelques règles de conduite à ses disciples qu'il avait réunis dans la maison de Pierre, il partit pour Jérusalem par la route du mont Thabor, traversant Naïn et Jéricho. A Naïn il ressuscita un jeune homme. C'est pendant ce voyage qu'il s'arrêta à Béthanie pour prendre un repas chez le Pharisien Simon.

Lorsque Jésus fut arrivé à Jérusalem pour être présent aux secondes fêtes de Pâques, il excita une grande rumeur par la guérison qu'il opéra publiquement un jour de sabbat sur le malade de Béthesda; ses ennemis cherchèrent à le rendre suspect d'irréligion dans l'opinion du peuple qui le suivait en foule, lui reprochant de ne point respecter le jour sacré du repos. Ils blâmèrent aussi ses disciples pour avoir arraché un jour de sabbat quelques épis mûrs. Une autre fois, à l'occasion de la guérison que Jésus opéra sur la main desséchée d'un malheureux, guérison qui eut lieu un jour de sabbat, ses ennemis redoublèrent leurs récriminations. Enfin, ils allèrent jusqu'à l'accuser de n'avoir rendu la vue à un aveugle de naissance que par l'entremise du démon.

Cependant Jésus, toujours suivi d'une grande foule, revenait vers la Galilée. Lorsqu'il fut à la frontière de cette province, il y trouva sa mère, qui accourait au-devant de ce fils tant renommé. A cette époque Hérode ayant fait décapiter saint Jean pour assouvir le ressentiment d'Hérodias, Jésus, qui se trouvait alors à Tébériade, pressentant le danger qui le menaçait aussi, chercha à l'éviter, et traversa le lac de Génésareth pour se rendre dans les contrées désertes voisines de Bethsaïda-Julia, parce qu'il n'avait rien à craindre du Tétrarque Philippe, homme doux et affable. La foule qui l'avait accompagné depuis Jérusalem jusqu'à Tibériade, vint le trouver en cet endroit : ce qui donna à Jésus l'occasion de nourrir cinq mille personnes. Mais pour ne point exciter par sa présence des scènes tumultueuses et des mouvements populaires, il se retira seul sur une montagne, après avoir fait passer ses disciples à Capharnaüm, où il les rejoignit pendant la nuit. Le lendemain il exposa encore des vérités bien dures au peuple qui s'y trouvait. Le surlendemain, il eut à se défendre d'une nouvelle attaque de la part des Pharisiens dans la synagogue de Capharnaüm, qui lui reprochèrent de mépriser les usages reçus. Jésus ne se croyant alors plus à l'abri des persécutions d'Hérode-Antipas, résolut de ne pas être présent à Jérusalem aux fêtes de la Pentecôte suivante, et fit une excursion dans la contrée limitrophe de la Phénicie (Tyr ou Sidon), où son projet de rester caché fut déjoué par le bruit que fit la guérison qu'il opéra sur la fille malade d'une païenne, ce qui l'engagea à se rendre sur les frontières occidentales, et de là au bord du lac de Génésareth, sur le territoire des dix villes ; il s'y vit bientôt de nouveau entouré d'un nombre considérable de peuple qui réclamait son secours, et où il guérit un sourd-muet. Ce fut aussi en ce lieu qu'il nourrit, comme il l'avait fait à Bethsaïda, quatre mille personnes rassemblées autour de lui pendant les trois derniers jours. Sur le soir, il entra dans un bateau et descendit le lac jusque vers Magdala, où il fut bientôt découvert par les Pharisiens. Contraint de rentrer en Galilée, il fut entouré de malades et d'infirmes, pour lesquels il devint un génie bienfaisant. Cependant il devait se rendre à Jérusalem afin d'assister à la prochaine fête des Tabernacles. Il traversa le lac de Génésareth et passa en Pérée, où il enseigna dans toutes les villes. Malgré l'avis que lui donnèrent les Pharisiens eux-mêmes, qu'il eût à se soustraire aux persécutions d'Hérode-Antipas, il parcourut la contrée de Jéricho et du Jourdain, où il s'occupa à tenir des discours et proposer d'excellentes paraboles à ceux qu'il rencontrait. Il n'arriva que vers le milieu des fêtes à Jérusalem, où il était attendu avec empressement par ses prosélytes comme par ses ennemis. La rage de ces derniers le força bientôt de s'éloigner le plus possible de Jérusalem ; aussitôt les fêtes terminées, et nous le trouvons tout à coup sur les frontières septentrionales de la Palestine, dans les environs de la Césarée de Philippe, où il éclaira ses disciples sur les dangers qu'il courait, et les fortifia dans leur foi. Ce fut là que, six jours après, eut lieu sa transfiguration sur l'une des cimes de l'Hermon [1], en présence de ses trois apôtres les plus intimes, Jean, Jacques et Pierre, les autres neuf étant restés au bas de la montagne. En revenant à Capharnaüm, il paya le denier du temple, et se prépara à re-

[1] La tradition la plus répandue est que la transfiguration de Jésus-Christ eut lieu sur le mont Thabor.

tourner à Jérusalem pour la fête de la Dédicace, traversa la
Samarie et gagna la route de Jéricho, où il trouva l'occasion
d'exposer sa parabole du Samaritain. Il attendit ensuite à
Béthanie, dans la maison de Marthe, le commencement
des solennités. Les discours qu'il tint dans le temple à
Jérusalem ayant provoqué le projet de son arrestation, les
solennités une fois terminées, il repassa dans la Pérée, où
devaient le rejoindre les soixante-dix disciples qu'il avait
envoyés devant lui annoncer l'Évangile. Après y avoir
guéri beaucoup de malades, il revint sur Béthanie, où il
ressuscita Lazare. Ce miracle acheva de déterminer les
princes des prêtres à faire périr Jésus. Celui-ci, de son
côté, ne voulut pas se montrer aux environs de Jérusalem,
pendant le peu de temps qu'il y avait encore jusqu'aux
fêtes de Pâques. Il se retira dans le désert qui avoisinait la
petite ville d'Éphraïm en Judée; puis, traversant Samarie,
il longea les bords du Jourdain, où il guérit dix lépreux.
Il passa encore le fleuve à Scythopolis pour regagner la
Pérée, où il rencontra déjà des caravannes qui allaient aux
fêtes de Jérusalem, et qu'il édifia par ses discours. De là
il atteignit près de Jéricho la route directe qui conduisait à
Jérusalem. Dès cet instant il ne cacha plus à ses disciples
qu'il allait mourir, réprimant l'espoir chimérique qu'ils
avaient conçu d'un meilleur avenir. A son passage à Jéricho, eut lieu son entretien avec Zachée le publicain. C'est
en quittant cette ville qu'il fit son entrée solennelle à Jéru-

salem, où il devait célébrer, pour la troisième et dernière fois de sa vie terrestre, les fêtes pascales. Alors la rage de ses ennemis ne connut plus de bornes, et le fit condamner à mort. Ressucité le troisième jour, Jésus apparut encore à ses disciples, d'abord à Jérusalem même, puis sur les bords du lac de Génésareth, ensuite sur une montagne de la Galilée; là il assigna à ses douze apôtres un lieu entre Béthanie et Jérusalem, où il leur donna ses dernières instructions.

Coup d'œil sur les destinées de la Judée depuis les temps de Jésus-Christ jusqu'à nos jours.

On a déjà rapporté que du temps de Jésus, ce pays se trouvait en partie sous la domination de gouverneurs romains, et en partie sous celle de la famille d'Hérode. Lorsque le Tétrarque Philippe mourut, l'an 55 après Jésus-Christ, sans laisser d'héritier, on réunit son territoire à la province romaine de Syrie, de sorte qu'il n'y eut plus que la Galilée et la Pérée qui obéirent à un prince juif, Hérode-Antipas. Ponce-Pilate ayant été obligé de se démettre de ses fonctions de gouverneur, en l'an 57, pour aller se défendre à Rome des exactions et des violences qu'il avait commises; on nomma à sa place, par l'intrigue de Vitellius, proconsul de Syrie, un certain Marcellus. Hérode-Agrippa, petit-fils d'Hérode Ier et fils d'Aristobule, qui jusqu'alors n'avait vécu qu'en simple particulier à la cour de Rome, y fut en grande faveur, après la mort de Tibère, auprès de son successeur Cajus-Caligula. Celui-ci l'éleva d'abord au rang de roi, en lui donnant la Tétrarchie de son oncle Philippe. Cette faveur excita la jalousie de sa sœur Hérodias à un tel point, qu'elle engagea son époux, Hérode-Antipas, à faire un voyage à Rome pour solliciter aussi le titre de roi (l'an 39). Mais ayant déjà été calomnié auprès de l'empereur Caligula, avant son arrivée dans cette capitale, par Hérode-Agrippa, il fut exilé par l'empereur et envoyé avec Hérodias à Lyon, dans les Gaules, et sa Tétrarchie, composée de la Galilée et de la Pérée, fut donnée à Hérode-Agrippa en récompense de sa trahison. Ce dernier ayant trouvé le moyen de s'insinuer aussi dans les bonnes grâces de l'empereur Claude, successeur de Caligula, assassiné en 41, fut non-seulement confirmé dans le gouvernement de la Tétrarchie, mais encore investi de celui de la Samarie et de la Judée, ce qui assimila sa puissance à celle de son aïeul Hérode Ier. Les Juifs, qui avaient eu beaucoup à souffrir du caractère cruel de Caligula, respirèrent sous le sceptre de l'empereur Claude, qui les traita avec douceur et ménagement, à cause de son attachement pour leur roi Hérode-Agrippa. Celui-ci diminua les impôts et les charges qui pesaient sur le peuple, extirpa les partis qui s'étaient formés pour la ruine du pays, embellit et fortifia beaucoup de villes, entre autres Jérusalem, dont il étendit l'enceinte, et s'attacha à faire fleurir la religion de ses ancêtres. Ce qui occasionna à la vérité beaucoup de persécution contre le christianisme, qui commençait à se propager en Judée. Hérode fit exécuter publiquement l'apôtre saint Jacques, frère de saint Jean, et jeta saint Pierre dans un cachot. Lui-même, peu après, mourut subitement d'un refroidissement qui l'atteignit au milieu des jeux publics qu'il faisait célébrer à Césarée en l'honneur de l'empereur Claude. Les chrétiens regardèrent cette mort prématurée comme un châtiment céleste. Hérode-Agrippa laissa un frère nommé Hérode Chalcis, un fils de dix-sept ans, Hérode-Agrippa, qui alors était élevé à Rome, et deux filles, Bérénice et Drusille. On déconseilla à l'empereur Claude de donner à ce fils, vu sa grande jeunesse, le trône de son père. L'empereur réunit donc de nouveau la Palestine au proconsulat de Syrie, nomma procureur Cuspius Fadus, et accorda à Hérode de Chalcis le choix des pontifes juifs, et la surveillance du temple et de ses trésors. Les désordres, un moment réprimés, reparurent avec plus de force sous Cuspius Fadus et ses deux successeurs dans le proconsulat, Tibère-Alexandre et Ventidius Cumanus. Des bandes, parmi lesquelles figuraient les partisans de Théodas et ceux de Judas le Galiléen, dévastaient le pays. Les cohortes romaines traitèrent les Juifs avec autant de cruauté que de mépris, et en firent périr dix mille dans une émeute qu'avait causée l'insolence d'un simple soldat. Il s'éleva aussi de vifs démêlés entre les Juifs et les Samaritains; ce qui engagea Humidius

Quadratus d'intervenir par des mesures énergiques, à la suite desquelles il fit conduire Cumanus à Rome, pour y rendre compte de sa conduite. Cumanus fut exilé et remplacé dans le proconsulat de la Palestine par Claudius-Félix (an 60 après J.-C.). Cette même année, Hérode-Agrippa II, qui depuis l'an 47 avait succédé à son oncle Hérode sur le trône de Chalcis, reçut en échange de cet état l'ancienne tétrarchie de son grand-oncle Philippe, avec la surveillance du temple de Jérusalem et la suprême autorité sur les prêtres : ce qui réduisit le proconsulat de Félix à la Judée, à la Samarie et à la Pérée. L'empereur Claude avait été assassiné en 56. Néron, son successeur, ne fut pas moins favorable à la famille d'Hérode.

Cependant Félix avait à réprimer les brigandages qui s'exerçaient à main armée jusque dans Jérusalem. Ce ne fut qu'après de nombreux efforts qu'il réussit à en atténuer les excès, ainsi qu'à appaiser les émeutes occasionnées par les faux messies. Il n'eut pas moins de peine à terminer les luttes sanglantes qui s'étaient élevées entre les habitants juifs et païens de Césarée. Ce fut dans cette ville que saint Paul comparut devant ce même Félix, qui eut bientôt pour successeur Portius-Festus. Celui-ci cita également l'apôtre à son tribunal, lors de la visite que lui firent le roi Agrippa II et sa sœur Bérénice, avec avec laquelle il entretenait un commerce incestueux. Saint Paul en ayant appelé au jugement de l'empereur, fut renvoyé à Rome.

La confusion qui jusqu'alors avait régné en Palestine, augmentait de jour en jour. Les Juifs répondaient par des soulèvements aux vexations et aux cruautés des gouverneurs romains. Enfin, une lutte continue et acharnée s'engagea dans la seconde année du proconsulat de Gessius-Florus, qui surpassait en injustice et en rapines tous ses prédécesseurs. Ce fut à l'occasion de la profanation d'une synagogue à Césarée, affaire dans laquelle Florus agit avec tant d'iniquité, que l'indignation publique n'eut plus de bornes; il y mit le comble en faisant massacrer à Jérusalem trois mille six cents habitants. Tout à coup la rébellion éclate. Les révoltés s'emparent de la tour d'Antonia et égorgent les soldats commis à sa garde. Ils pillent l'arsenal de Masada, emportent d'assaut le château royal, sous la conduite de Menacham, fils de Judas le Galiléen, et en massacrent la garnison au mépris d'une capitulation accordée; puis se répandant dans les environs, ils dévastent les villes et les villages habités par les païens, exerçant en même temps sur ceux-ci d'horribles représailles.

À cette nouvelle, Cestius-Gallus, proconsul de Syrie, part d'Antioche à la tête d'une forte armée, et marche sur Jérusalem. Les Juifs exaspérés viennent à sa rencontre et remportent d'abord quelques avantages. Gallus cependant réussit à les repousser et à les refouler jusque dans Jérusalem. Il est même sur le point de s'emparer du temple et de finir ainsi la guerre d'un seul coup, quand une trahison,

6*

ourdie parmi ses propres troupes, lui fait essuyer une entière défaite, et le force lui-même à fuir honteusement en laissant des milliers de soldats sur la place et un matériel considérable au pouvoir de l'ennemi.

L'empereur Néron, effrayé du fanatisme des Juifs, envoya l'année suivante, en 67, un général expérimenté, Vespasien, dans la Palestine. Pendant que les Juifs se préparaient à une vigoureuse résistance, Vespasien rassemblait à Ptolémaïs une armée de soixante mille hommes. Ce général commença par s'emparer de la Galilée et du pays occidental du Jourdain, en l'an 69. Il obtint les mêmes succès dans la province de Judée ; mais lorsqu'il se préparait à marcher sur Jérusalem, il apprit à Césarée le suicide de l'empereur Néron. Cet avis le détermina d'attendre l'issue que prendraient les troubles qui avaient éclaté, à cette occasion, au siége de l'empire. Vespasien ayant été bientôt après proclamé empereur par ses propres soldats, partit de la Palestine en remettant à son fils Titus la continuation de la guerre. Celui-ci commença, en 70, de faire de sérieux préparatifs pour tout terminer par la prise de la capitale. Cependant il eut des obstacles infinis à surmonter pour atteindre ce but, et il y aurait peut-être échoué comme Cestius-Gallus, si la ville n'eût été déchirée par trois factions intestines, celles d'Éléazar, de Jean Gischala et de Simon-ben-Giora. Titus s'empara d'abord de la tour d'Antonia et la fit raser. De là il dirigea ses attaques sur le temple, fit mettre le feu aux bâtiments des prêtres et des lévites qui s'y trouvaient adossés et bientôt tout l'édifice s'écroula sous les flammes. Puis le vainqueur incendia la ville basse pour ne point laisser d'abri aux fuyards, et se porta avec toutes ses forces vers la ville haute qui tenait encore, y fit mettre le feu et la détruisit de fond en comble, l'an 70 après J.-C.

Pendant cette guerre affreuse et sanglante, quatre-vingt-dix-sept mille Juifs furent faits prisonniers; deux cent trente-huit mille quatre cent soixante furent tués sur divers points du pays, et un million d'entre eux périrent par la misère, la famine, les épidémies et le glaive pendant le siége et la prise de leur capitale. La Palestine était devenue une vaste solitude; les villes les plus belles et les plus fortes étaient réduites en cendres, et il ne resta plus de Jérusalem qu'une partie de son mur d'enceinte à l'orient, et les trois tours les plus élevées de Phasaël, Hippikos et de Marianne, pour y caserner la garnison romaine. Lorsque quelque temps après Titus s'en retourna à Rome, il emmena captifs cent jeunes Juifs d'élite et deux des principaux chefs, Jean Gischala et Simon-ben-Giora, pour servir d'ornement à l'entrée triomphale qu'il fit conjointement avec son père, à l'occasion de l'heureuse issue de la guerre de Judée. L'on étala à ce spectacle beaucoup de vases sacrés enlevés au temple; et un exemplaire des Tables de la loi.

Ainsi disparut de la surface du monde un peuple qui avait rêvé l'empire universel. Déjà, lors de la double captivité d'Assyrie et de Babylone, une grande partie de ce peuple s'était dispersée dans diverses contrées étrangères ; mais Jérusalem s'était relevée pour être un centre de communication entre eux et leurs frères restés ou revenus en Palestine. Maintenant c'en était fait pour toujours de ce point de ralliement. Il est vrai qu'à la voix de l'empereur Adrien, Jérusalem sortit de ses ruines avec le nom d'*Élia Capitolina* ; mais il fut défendu aux Juifs de s'approcher de cette ville sous peine de mort. Cependant bon nombre de familles, qui s'étaient sauvées à l'étranger, étaient revenues insensiblement dans le pays, où d'autres s'étaient maintenues. Bientôt les Juifs se croyant en force, se réunissent sous l'étendart d'un faux messie nommé Bar-Cochab, et tentent de secouer le joug des Romains. Ceux-ci, commandés par Julius Severus, les taillent en pièces à plusieurs reprises, leur enlèvent cinquante chateaux forts, neuf cent quatre-vingt-cinq villes ou bourgs, et font de nouveau de ce malheureux pays une vaste solitude. Ces soulèvements se répétèrent encore pendant les règnes de Sévère (l'an 198) et Constantin (l'an 315). Ce ne fut que sous l'empereur Julien (l'an 562), qui les protégeait à cause de son aversion pour les chrétiens, qu'ils entreprirent, par son ordre, de rétablir le temple. Mais ce projet échoua. Tous les essais que firent dans la suite les Juifs dispersés dans tous les pays pour ressaisir leur patrie sous la conduite de faux messies qui leur promettaient de les ramener en Palestine, restèrent infructueux. Pendant un grand laps de temps, ils eurent deux patriarches : l'un d'Occident, qui siégeait à Babylone, et l'autre d'Orient, résidant à Tibériade. Dans ces villes, on établit des académies célèbres, dont les rabbins s'occupèrent à recueillir les traditions historiques et législatives, veillant à la conservation de l'ancienne langue sacrée et de ses manuscrits, ce qui donna naissance au Talmud de Babylone et au Talmud de Jérusalem ; le premier parut en l'an 500, et le second en l'an 500. La dignité du patriarche de Tibériade s'éteignit en 415, et celle du patriarche de Babylone en 1058. Les Juifs possédèrent des synagogues et des archontes presque dans toutes les villes de l'empire romain. Quand cet empire forma deux grandes divisions (l'an 595), la Palestine fit partie de l'empire d'Orient, et plus tard Cosroes, roi de Perse, prit Jérusalem (l'an 614), la détruisit et dévasta tout le pays, et ce ne fut qu'en l'an 629 que les Juifs rentrèrent sous la domination romaine au temps d'Héraclius. Bientôt après arriva la funeste époque où le troisième successeur du prophète arabe Mahomet, nommé Omar, s'empara de Jérusalem (l'an 658) après un siége de quatre mois, conquit toute la Palestine et accabla tous ses habitants, chrétiens ou juifs, d'atroces vexations.

L'arrivée des croisés chrétiens délivra ce pays de ses

tyrans sous le joug desquels il avait langui près de cinq
siècles. Mais malheureusement ce ne fut que peu de
temps. Car à peine le royaume de Jérusalem, fondé par
Godefroi de Bouillon, l'an 1099, eut-il pris quelque consistance apparente, que le sultan Saladin résolut de l'a-
néantir d'un seul coup par la prise de sa capitale. De ce
jour, la Palestine, qui avait déjà souffert dès le commencement des croisades, devint le théâtre continuel de
combats acharnés entre les Sarrazins et les croisés, qui
cherchèrent, jusqu'en l'an 1291, mais inutilement, à re-
conquérir ce pays. Par la suite de guerres non moins sanglantes, il tomba plus tard, en 1517, sous la domination
du sultan Zélim Ier, et vint par conséquent dans les mains
des Turcs Osmans. Cette époque fut pour lui la source
d'une longue série de malheurs et de désastres, suites d'un
gouvernement despotique. Aujourd'hui la Palestine, se
trouve plongée dans la plus grande misère, occasionnée par
la dépopulation, la stagnation de toute industrie, l'anéantissement de l'agriculture et du commerce. Son nouveau
maître, Méhémet-Ali, pacha d'Égypte, qui l'a récemment
enlevée à la domination des Turcs, la fera-t-il sortir de ses
ruines ?

APPENDICE.

ASPECT ACTUEL DE LA JUDÉE,

D'APRÈS CHATEAUBRIAND ET LAMARTINE.

.......Les pèlerins regardaient vers la proue du vaisseau. Je demandai ce que c'était ; on me cria : Le Carmel !.... Ce moment avait quelque chose de religieux et d'auguste ; tous les pèlerins, le chapelet à la main, étaient restés en silence dans la même attitude, attendant l'apparition de la Terre-Sainte ; le chef des Papas priait à haute voix ; on n'entendait que cette prière et le bruit de la course du vaisseau que le vent le plus favorable poussait sur une mer brillante. De temps en temps un cri s'élevait de la proue quand on revoyait le Carmel. J'aperçus enfin moi-même cette montagne comme une tache ronde, au-dessous des rayons du soleil. Je me mis alors à genoux..... La vue de la patrie des Israélites et du berceau des chrétiens me remplit de crainte et de respect. J'allais descendre sur la terre des prodiges, aux sources de la plus étonnante poésie, aux lieux où, même humainement parlant, s'est passé le plus grand événement qui ait changé la face du monde, je veux dire la venue du Messie ; j'allais aborder à ces rives que visitèrent comme moi Godefroy de Bouillon, Raimond de Saint-Gilles, Tancrède-le-Brave, Hugues-le-Grand, Richard-Cœur-de-Lion, et ce Saint-Louis dont les vertus furent admirées des infidèles. Obscur pèlerin, comment oserais-je fouler un sol consacré par tant de pèlerins illustres.....

Je passai une partie de la nuit à contempler cette mer de Tyr, que l'Écriture appelle la *Grande-Mer*, et qui porta les flottes du roi-prophète quand elles allaient chercher les cèdres du Liban et la pourpre de Sidon ; cette mer où Leviathan laisse des traces comme des abîmes ; cette mer à qui le Seigneur donna des barrières et des portes..... Au midi s'étendait l'Égypte, où le Seigneur était entré sur un nuage léger, pour sécher les canaux du Nil et renverser les idoles ; au nord, s'élevait la reine des cités, dont les marchands étaient des princes..... Et ce n'était pas tout encore ; car la mer que je contemplais baignait, à ma droite, les campagnes de la Galilée, et, à ma gauche, la plaine d'Ascalon : dans les premières, je retrouvais les traditions de la vie patriarchale et de la nativité du Sauveur ; dans la seconde, je rencontrais les souvenirs des croisades.....

Nous continuâmes à nous enfoncer dans un désert où des figuiers sauvages clair semés étalaient au vent du midi leurs feuilles noircies. La terre, qui jusqu'alors avait conservé quelque verdure, se dépouilla, les flancs des montagnes s'élargirent et prirent à la fois un air plus grand et plus stérile. Bientôt toute végétation cessa : les mousses même disparurent. L'amphithéâtre des montagnes se teignait d'une couleur rouge et ardente. Nous gravîmes pendant une heure ces régions attristées, pour atteindre un col élevé que nous voyions devant nous.

Parvenus à ce passage, nous cheminâmes pendant une autre heure sur un plateau nu semé de pierres roulantes. Tout à coup, à l'extrémité de ce plateau, j'aperçus une ligne de murs gothiques flanqués de tours carrées, et derrière lesquels s'élevaient quelques pointes d'édifices..... Je conçois maintenant ce que les historiens et les voyageurs rapportent de la surprise des croisés et des pèlerins à la première vue de Jérusalem.

........Je restai les yeux fixés sur Jérusalem, mesurant la hauteur de ses murs, recevant à la fois tous les souvenirs de l'histoire depuis Abraham jusqu'à Godefroy de Bouillon, pensant au monde entier changé par la mission du Fils de l'homme, et cherchant vainement ce temple *dont il ne reste pas pierre sur pierre*. Quand je vivrais mille ans, jamais je n'oublierai ce désert qui semble respirer encore la grandeur de Jéhova et les épouvantements de la mort.....

Nous remontâmes le torrent de Cédron ; ensuite, tra-

versant la ravine, nous reprîmes notre route au levant.
Nous découvrîmes Jérusalem par une ouverture des montagnes. Je ne savais trop ce que j'apercevais; je croyais
voir un amas de rochers brûlés : l'apparition subite de
cette cité de désolations au milieu d'une solitude désolée,
avait quelque chose d'effrayant; c'était véritablement la
Reine du désert.

Nous avancions; l'aspect des montagnes était toujours
le même, c'est-à-dire blanc, poudreux, sans ombre, sans
arbre, sans herbe et sans mousse. Nous parvînmes enfin
au dernier rang des monts qui bordent l'occident de la
vallée du Jourdain et les eaux de la mer Morte. Le soleil
était près de se coucher : nous mîmes pied à terre pour
laisser reposer les chevaux, et je contemplai à loisir le lac,
la vallée et le fleuve.

Quand on parle d'une vallée, on se représente une vallée
cultivée ou inculte : cultivée, elle est couverte de moissons,
de vignes, de villages, de troupeaux; inculte, elle offre
des herbages ou des forêts; si elle est arrosée par un fleuve,
ce fleuve a des replis; les collines qui forment cette vallée
ont elles-mêmes des sinuosités dont les perspectives attirent
agréablement les regards. Ici, rien de tout cela : qu'on se
figure deux longues chaînes de montagnes, courant pa-
rallèlement du septentrion au midi, sans détours, sans
sinuosités. La chaîne du levant, appelée *Montagne d'A-
rabie*, est la plus élevée; vue à la distance de quatre à

cinq myriamètres, on dirait un grand mur perpendicu-
laire, tout à fait semblable au Jura par sa forme et par sa
couleur azurée : on ne distingue pas un sommet ; pas la
moindre cime ; seulement on aperçoit çà et là de légères in-
flexions, comme si la main du peintre qui a tracé cette ligne
horizontale sur le ciel eût tremblé dans quelques endroits.

La chaîne du couchant appartient aux montagnes de
Judée. Moins élevée et plus inégale que la chaîne de l'est,
elle en diffère encore par sa nature ; elle présente de grands
monceaux de craie et de sable qui imitent la forme de
faisceaux d'armes, de drapeaux ployés, ou de tentes d'un
camp assis au bord d'une plaine. Du côté de l'Arabie, ce
sont au contraire de noirs rochers à pic qui répandent au
loin leur ombre sur les eaux de la mer Morte. Le plus petit
oiseau du ciel ne trouverait pas dans ces rochers un brin
d'herbe pour se nourrir ; tout y annonce la patrie d'un
peuple réprouvé ; tout semble respirer l'inceste d'où sor-
tirent Ammon et Moab.

La vallée comprise entre ces deux chaînes de montagnes
offre un sol semblable au fond d'une mer depuis longtemps
retirée ; des plages de sel, une vase desséchée, des sables
mouvants et comme sillonnés par les flots. Çà et là des
arbustes chétifs croissent péniblement sur cette terre privée de vie ; leurs feuilles sont couvertes du sel qui les a
nourries, et leur écorce a le goût et l'odeur de la fumée.
Au lieu de villages, on aperçoit les ruines de quelques

tours. Au milieu de la vallée, passe un fleuve décoloré ; il se traîne à regret vers le lac empesté qui l'engloutit. On ne distingue son cours au milieu de l'arène que par les saules et les roseaux qui le bordent.....

Tels sont ces lieux fameux par les bénédictions et par les malédictions du ciel : ce fleuve est le Jourdain ; ce lac est la mer Morte ; elle paraît brillante ; mais les villes qu'elle cache ont empoisonné ses flots. Ses abîmes solitaires ne peuvent nourrir aucun être vivant ; jamais vaisseau n'a pressé ses ondes ; ses grèves sont sans oiseaux, sans arbres, sans verdure ; et son eau, d'une amertume affreuse, est si pesante, que les vents les plus impétueux peuvent à peine la soulever.

Quand on voyage dans la Judée, d'abord un grand ennui saisit le cœur ; mais lorsque, passant de solitude en solitude, l'espace s'étend sans bornes devant vous, peu à peu l'ennui se dissipe ; on éprouve une terreur secrète, qui, loin d'abaisser l'âme, donne du courage et élève le génie. Des aspects extraordinaires décèlent de toutes parts une terre travaillée par des miracles : le soleil brûlant, l'aigle impétueux, le figuier stérile, toute la poésie, tous les tableaux de l'Écriture sont là. Chaque nom renferme un mystère : chaque grotte déclare l'avenir ; chaque sommet retentit des accents d'un prophète. Dieu même a parlé sur ses bords : les torrents desséchés, les rochers fendus, les tombeaux entr'ouverts, attestent le prodige ; le désert paraît encore muet de terreur, et l'on dirait qu'il n'a osé rompre le silence depuis qu'il a entendu la voix de l'Éternel (Chateaubriand, *Itinéraire de Paris à Jérusalem*).

Nous franchîmes d'abord une colline plantée d'oliviers et de quelques chênes verts répandus en groupes ou croissant en broussailles sous la dent rongeuse des chèvres et des chameaux. Quand nous fûmes au revers de cette colline, la Terre-Sainte, la terre de Chanaan, se montra tout entière devant nous ; l'impression fut grande, agréable et profonde ; ce n'était pas là cette terre nue, rocailleuse, stérile, cette ruche de montagnes basses et décharnées qu'on nous représente pour la *terre promise*, sur la foi de quelques écrivains prévenus ou de quelques voyageurs pressés d'arriver et d'écrire, qui n'ont vu, des domaines immenses et variés des douze tribus, que le sentier de roche qui mène, entre deux soleils, de Jaffa à Jérusalem. Trompé par eux, je n'attendais que ce qu'ils décrivent, c'est-à-dire un pays sans étendue, sans horizon, sans vallées, sans plaines, sans arbres et sans eau ; terre potelée de quelques monticules gris ou blancs, où l'Arabe se cache dans l'ombre de quelques ravins pour dépouiller le passant. Telle est peut-être la route de Jérusalem à Jaffa. Mais voici la Judée telle que nous l'avons vue le premier jour du haut des collines qui bordent la plaine de Ptolémaïs ; telle que nous l'avons retrouvée de l'autre côté des collines de Zabulon, de celles de Nazareth, et du pied du mont la Rosée-de-l'Hermon ou du mont Carmel ; telle que nous l'avons parcourue dans toute sa largeur et dans toute sa variété, depuis les hauteurs qui dominent Tyr et Sidon jusqu'au lac de Tibériade, et depuis le mont Thabor jusqu'aux montagnes de Samarie et de Naplouse, et de là jusqu'aux murailles de Sion.

Voici d'abord devant nous la plaine de Zabulon ; nous sommes placés entre deux légères ondulations de terres, à peine dignes du nom de collines ; le lit qu'elles laissent entre elles en se creusant devant nous, forme le sentier où nous marchons ; ce sentier est tracé par le pas des chameaux, qui en a broyé la poussière depuis quatre mille ans, ou par les trous larges et profonds que le poids de leurs pieds, toujours posés au même endroit, a creusés dans une roche blanche et friable, toujours la même depuis le cap de Tyr jusqu'aux premiers sables du désert Lybique. A droite et à gauche les flancs arrondis des deux collines sont ombragés, çà et là, de vingt pas en vingt pas, par des touffes d'arbustes variés qui ne perdent jamais leurs feuilles ; à une distance un peu plus grande, s'élèvent des arbres au tronc noueux, aux rameaux nerveux et entrelacés, au feuillage immobile et sombre ; la plupart sont des chênes verts d'une espèce particulière, dont la tige est plus légère et plus élancée que celle des chênes d'Europe, et dont la feuille, veloutée et arrondie, n'a pas la dentelure de la feuille du chêne commun ; le caroubier, le térébinthe, et plus rarement le platane et le sycomore, complètent le vêtement de ces collines; je ne connais pas les autres arbres par leur nom; quelques-uns ont le feuillage des sapins et des cèdres; d'autres, et ce sont les plus beaux, ressemblent à d'immenses saules par la couleur de leur écorce, la grâce de leur feuillage et la nuance tendre et jaunâtre de ce feuillage; mais ils les surpassent au delà de toute proportion en étendue, en grosseur, en élévation. Les caravanes les plus nombreuses peuvent se rencontrer autour de leur tronc colossal, et camper ensemble, avec leurs bagages et leurs chameaux, sous leur ombre. Dans les espaces larges et fréquents que ces arbres divers laissent à nu sur les pentes des collines, des bancs de roches blanchâtres, et plus souvent d'un gris bleu, percent la terre et se montrent au soleil comme les muscles vigoureux d'une forte charpente humaine, qui s'articulent plus en saillie dans la vieillesse, et semblent prêts à percer la peau qui les enveloppe. Mais entre ces bancs ou ces blocs de rochers, une terre noire, légère et profonde, végète sans cesse et produirait incessamment le blé, l'orge, le maïs, pour peu qu'on la remuât, ou des forêts de broussailles épineuses, de grenadiers sauvages, de roses de Jéricho et de chardons énormes dont la tige s'élève à la hauteur de la tête du chameau. Une fois une de ces collines ainsi décrite, vous les voyez toutes à leur forme près, et l'imagination peut se représenter leur effet, à mesure qu'elle les voit citées dans le

paysage de la Terre-Sainte. Nous marchions donc entre
deux de ces collines, et nous commencions à redescendre
légèrement, en laissant la mer et la plage de Ptolémaïs
derrière nous, quand nous aperçûmes la première plaine
de la terre de Chanaan : c'était la plaine de Zabulon, le
jardin de la tribu de ce nom.....

A gauche les hautes cimes dorées et ciselées du Liban
jetaient hardiment leurs pyramides dans le bleu sombre
d'un ciel du matin : à droite la colline qui nous portait
s'élevait insensiblement en s'éloignant de nous, et, allant
comme se nouer avec d'autres collines, formait divers
groupes d'élévations, les unes arides, les autres vêtues
d'oliviers et de figuiers, et portant à leur sommet un
village turc, dont le minaret blanc contrastait avec la
sombre colonnade de cyprès qui enveloppe presque partout la mosquée. Mais en face, l'horizon qui terminait la
plaine de Zabulon, et qui s'étendait devant nous dans un
espace de douze à seize kilomètres, formait une perspec-
tive de collines, de montagnes, de vallées, de ciel, de
lumière, de vapeur et d'ombre, ordonnées avec une telle
harmonie de couleurs et de lignes, fondus avec un tel
bonheur de composition, liés avec une si gracieuse symé-
trie, et variés par des effets si divers, que mon œil ne
pouvait s'en détacher, et que, ne trouvant rien dans mes
souvenirs des Alpes, d'Italie ou de Grèce à quoi je pusse
comparer ce magique ensemble, je m'écriai : *C'est le*

Poussin ou Claude Lorrain ! Rien en effet ne peut égaler la suavité grandiose de cet horizon de Chanaan, que le pinceau des deux peintres à qui le génie divin de la nature en a révélé la beauté. On ne trouvera cet accord du grand et du doux, du fort et du gracieux, du pittoresque et du fertile, que dans les paysages imaginaires de ces deux grands hommes, ou dans la nature inimitable du beau pays que nous avions devant nous, et que la main du grand peintre suprême avait lui-même dessiné et colorié pour l'habitation d'un peuple encore pasteur et encore innocent. D'abord, au pied des montagnes, et à environ deux kilomètres dans la plaine, un mamelon, entièrement détaché de toutes les collines environnantes, sortait pour ainsi dire de terre comme un piédestal naturel destiné uniquement à porter une ville forte. Ses flancs s'élevaient presque perpendiculairement depuis le niveau de la plaine jusqu'au sommet de cette espèce d'autel de terre ; ils ressemblaient exactement aux remparts d'une place de guerre, tracés et élevés de mains d'hommes.

Le sommet lui-même, au lieu d'être inégal et arrondi comme tous les sommets de collines ou de montagnes, était nivelé et aplati comme pour porter quelque chose dont il devait se couronner, quand viendrait le peuple à la demeure duquel il était destiné. Dans toutes les charmantes plaines du pays de Chanaan, j'ai revu, depuis, ces mêmes mamelons en forme d'autels quadran-

7

gulaires ou oblongs, évidemment destinés à protéger les
premières demeures d'une nation timide et faible, et leur
destination est si bien écrite dans leur forme isolée et
bizarre, que leur masse seule empêche de s'y tromper et de
croire qu'ils ont été fabriqués par le peuple qui les couvrit
de ses villes..... A quelque foi qu'on appartienne, il faut
être aveugle pour ne pas reconnaître une destination spéciale et providentielle ou naturelle dans ces forteresses
élevées à l'embouchure et à l'issue de presque toutes les
plaines de la Galilée et de la Judée......

Ce jour-là commencèrent en moi des impressions nouvelles et entièrement différentes de celles que mon voyage
m'avait jusque-là inspirées ; j'avais voyagé des yeux, de
la pensée et de l'esprit ; je n'avais pas voyagé de l'âme et
du cœur comme en touchant la terre des prodiges, la terre
de Jéhova et du Christ ! la terre dont tous les noms avaient
été mille fois balbutiés par mes lèvres d'enfant, dont toutes
les images avaient coloré, les premières, ma jeune et tendre
imagination, la terre d'où avaient coulé pour moi, plus
tard, les leçons et les douceurs d'une religion, seconde
âme de notre âme, je sentis en moi comme si quelque
chose de mort et de froid venait à se ranimer et à s'attié-
dir, je sentis ce qu'on sent en reconnaissant, entre mille
figures inconnues et étrangères, la figure d'une mère ou
d'une sœur ; ce qu'on sent en sortant de la rue pour entrer
dans un temple : quelque chose de recueilli, de doux,

d'intime, de tendre et de consolant qu'on n'éprouve pas ailleurs.

Le temple, pour moi, c'était cette terre de la Bible, de l'Évangile, où je venais d'imprimer mes premiers pas! Je priai Dieu en silence dans le secret de ma pensée; je lui rendis grâce d'avoir permis que je vécusse assez pour venir porter mes yeux jusque sur ce sanctuaire de la Terre-Sainte; et de ce jour, pendant toute la suite de mon voyage en Judée, en Galilée, en Palestine, les impressions poétiques matérielles que je recevais de l'aspect et du nom des lieux, furent mêlées pour moi d'un sentiment plus vivant de respect, de tendresse, comme de souvenir; mon voyage devint souvent une prière, et les deux enthousiasmes les plus naturels à mon âme, l'enthousiasme de la nature et celui de son auteur, se retrouvèrent, presque tous les matins, aussi frais et aussi vifs que si tant d'années flétrissantes et desséchantes ne les avaient pas foulés et refoulés dans mon sein; je sentis que j'étais homme encore devant l'ombre du Dieu de ma jeunesse! A visiter les lieux consacrés par un de ces mystérieux événements qui ont changé la face du monde, on éprouve quelque chose de semblable à ce qu'éprouve le voyageur qui remonte laborieusement le cours d'un vaste fleuve, comme le Nil ou le Gange, pour aller le découvrir et le contempler à sa source cachée et inconnue; il me semblait à moi aussi, gravissant les dernières collines qui

me séparaient de Nazareth, que j'allais contempler, à sa source mystérieuse, cette religion vaste et féconde qui, depuis deux mille ans, s'est fait son lit dans l'Univers, du haut des montagnes de Galilée, et a abreuvé tant de générations humaines de ses eaux pures et vivifiantes! C'était là la source, dans le creux de ce rocher que je foulais sous mes pieds; cette colline, dont je franchissais les derniers degrés, avait porté dans ses flancs le salut, la vie, la lumière, l'espérance du monde; c'était là, à quelques pas de moi, que l'homme modèle avait pris naissance parmi les hommes pour les retirer, par sa parole et par son exemple, de l'océan d'erreur et de corruption où le genre humain allait être submergé.....
C'était là, sous ce monceau de ciel bleu, au fond de cette vallée étroite et sombre, à l'ombre de cette petite colline dont les vieilles roches semblaient encore toutes fendues du tressaillement de joie qu'elles éprouvèrent en enfantant et en portant le Verbe enfant, ou du tressaillement de douleur qu'elles ressentirent en ensevelissant le Verbe mort; c'était là le point fatal et sacré du globe, que Dieu avait choisi de toute éternité pour faire descendre sur la terre sa vérité, sa justice et son amour incarné dans un enfant-Dieu; c'était là que le souffle divin était descendu à son heure sur une pauvre chaumière, séjour de l'humble travail, de la simplicité d'esprit et de l'infortune; c'était là qu'il avait animé, dans le sein d'une vierge innocente et

pure, quelque chose de doux, de tendre et de miséricor-
dieux comme elle, de souffrant, de patient, de gémissant
comme l'homme, de puissant, de surnaturel, de sage et
de fort comme un Dieu ; c'était là que le Dieu-homme avait
passé par notre ignorance, notre faiblesse, notre travail
et nos misères, pendant les années obscures de sa vie
cachée, et qu'il avait en quelque sorte exercé la vie et pra-
tiqué la terre avant de l'enseigner par sa parole, de la
guérir par ses prodiges et de la régénérer par sa mort :
c'était là que le ciel s'était ouvert et avait lancé sur la terre
son esprit incarné, son Verbe fulminant pour consumer,
jusqu'à la fin des temps, l'iniquité et l'erreur, éprouver,
comme au feu du creuset, nos vertus et nos vices, et
allumer devant le Dieu unique et saint l'encens qui ne
doit plus s'éteindre ; l'encens de l'autel renouvelé, le par-
fum de la charité et de la vérité universelles.

(LAMARTINE, *Voyage en Orient.*)

FIN.

TABLE DES MATIÈRES.

FIN DE LA TABLE DES MATIÈRES.

www.ingramcontent.com/pod-product-compliance
Lightning Source LLC
Chambersburg PA
CBHW052054090426
42739CB00010B/2170